U0110050

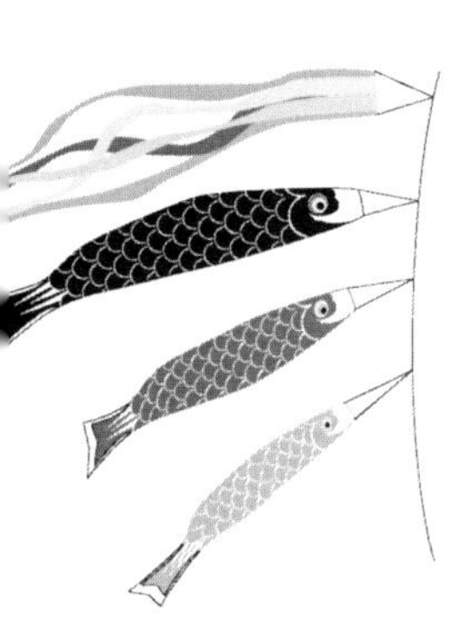

螞蟻兵團逛東瀛

HERE WE GO!

妍音　著

楓彩人生

本作品是與學員一起閱讀「一片葉子落下來」，經由研討分享心得，引起大家暢談對大自然中四季變化擴展到人生問題，每人對自我生命都有深入剖析與期待。將情愫轉化在創作上，本是學習拼布的精神，帶領大家進入拼布世界，創造自己夢想又是另一個學習，因此大家將這個期待取名為「楓彩人生」。我的創作理念來自於「一棵可以讓人們仰望的楓葉樹，接納生命中每個過程，用恬靜的心境，學習與大地共存。」

原創作者：林幸珍
製作作者：台南市社區大學 94 年度第二學期螞蟻拼布社學員共 31 人
攝　　影：吳崇彥

守護三崁店諸羅樹蛙

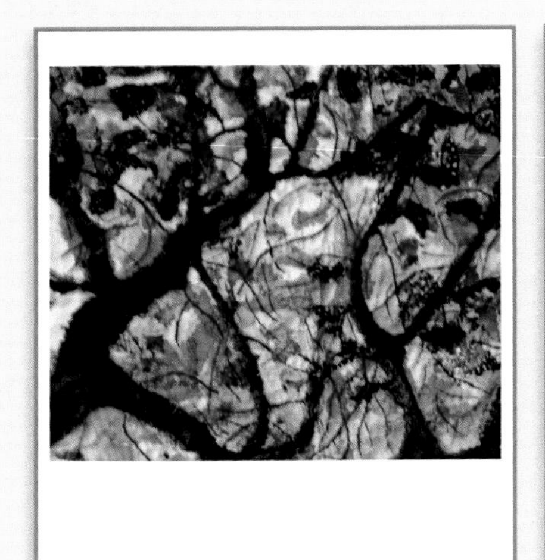

推薦序

學習圓夢的旅程

林幸珍

回想出訪日本前一天，我必須上完「螞蟻拼布研究社」既定的課程，當時正是大家研討每學期必作的集合作品主題，題目搞定為「楓彩人生」，秋天專題是一年中最容易創作的季節，然而我卻無心於創作引導上，心早早飛進日本國度。這是旅程的前戲，也就是說行程五天，結束後我還必須回到未完成的專題上接續著。五天假期涵蓋箱根、蘆之湖及古道之旅、拼布大展，期待每個景點各能完成我想要的課題，和不同目的。這也是作者無法記錄的內容。學習拼布者「觀摩」別人作品、參訪展場是必修課程，從「看見什麼」培養自己看的能力及思考判斷。因此，本次「螞蟻」戶外教學很特別，在出發前先做收集「觀摩」目標，按部就班的放在我心裡，期望伙伴們運氣好可以看到目標，而後再進行當場解說，但是事與願違，說真的看到的都不是我預期的景物，原來備好的課題都沒有用對地方，例如，箱根的積成木工坊沒有開店，蘆之湖因天氣不佳看不到美麗山水倒影等等，雖

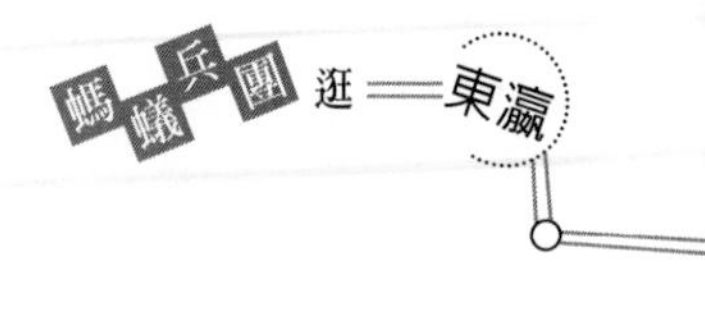

是我不能說的秘密，也因天氣不佳寒流提早報到，楓紅提早變紅，讓我的「楓彩人生」作品在靈光乍現當下完成創作，喜獲至寶。

很多次參訪國際大展留下的心得都很雜亂，印象有好有壞。但是二〇〇五年我努力推廣大家到日本橫濱看展，原因是當年策展主辦單位有不同以往的突破性創舉，期待看到多樣性的展出作品及可看性活動。出訪前我和伙伴們已經做好行前解說，「螞蟻們」能在短短參訪時間內學習到他們所看的。至於我……早有約定的拜訪行程，見想見的人，說想說的話，此外，我花很多時間觀察展場管理、人事、文宣及動線。對策展人的我而言，是重要功課。站在展場每個角落，感受人們的笑聲、互動及忙碌，其中有幾項不同以往的突破是一、二〇〇五年起為數不少的明星級大師一致推崇「合作參展的氣勢」，第一次讓我在現場感動；大師們空前的合作精神與共識在那年讓日本拼布界出現大師帶頭向國際發聲、新人出頭的盛況。二、由於大師們有合作共識，所以和主辦單位合作現場研習課程。三、國際參展國家以分館分區方式展出，備受尊重。當然今年二〇〇八這樣的共識存在與否不可知，只知漸漸變質，再也看不到二〇〇五年的感動。

螞蟻伙伴們並不是年年朝聖各國國際大展，這一群熱愛拼布，以拼布學習為動力，推廣技能的社區志工們，分佈台灣各地。大家用心推行「原創即是生活」的創作理念，用自己的生活故事縫製自己作品，分享經驗讓螞蟻精神共識散發在世界各地。出訪日本展場目的在於感受國際展的氛圍與氣勢，「拼布藝術」被多數文化大國重視，發展成每年必辦的重要藝術活動，緣由不外於這是從基層提昇的人文價值與人文經濟，它的存在對文化大國而言是一種指標，期許未來螞蟻也能承辦自己的台灣國際展。看了這本書，與做老師的我當時的所見所聞有著不同解讀，也讓做為文章造訪者的我從心裡崇拜作者的細心觀察描述，非常感動。在同一個時空身處於當下，她卻能看到這樣多樣性的故事及串連的情感，真是用心過人，作者對故事情節真實收錄功力更是令人佩服。

受邀下筆寫成這本書「序」，內心十分惶恐，此刻二〇〇八年七月正是我和螞蟻們努力實現當年夢想的耕耘時刻，再過八個月，二〇〇九年三月二十五日首屆台灣國際拼布大展就在台南市展開，我們全體會員正發揮「螞蟻精神」向夢想邁進，惠請熱愛拼布的大眾們共同為台灣拼布注入活力。

二〇〇八年七月三十日

＊本文作者為社團法人台灣螞蟻拼布研究會理事長、台南市社區大學教師會理事長、台南市社區大學螞蟻拼布研究社指導老師

自序

啟開心靈之旅

妍音

說起旅行，我獨愛用我的眼看風景。

也許只是一個夜宿旅店的花園，也許只是一個仰頭凝望的星空，又也許只是靜默無語的湖水，在在都從我的眼進入我的心，漸漸鑲嵌成一幅幅無色無像的珍藏。

但是說也慚愧，有些時候有些地點或許是建構在走馬看花，因此對所遊地的人情、事物概是無所用心，某個層面看去浮面的感受便也不少。

然而一趟行程中，看似什麼都不曾留下心間，但在那時那刻裡因那當下的觸動而怦然心動，那剎那不就是永恆了？或許這才是最美的吧！

距離二〇〇五秋日，已然將近三年，當時和螞蟻姊妹們同遊東瀛的感受，依然能由恆久的記憶抽出再三回味。許多螞蟻前輩僅僅那次見過，但印象卻是深啊；幾處名聞遐邇的觀光景點雖是再遊，然而與往昔感觸總是相異。

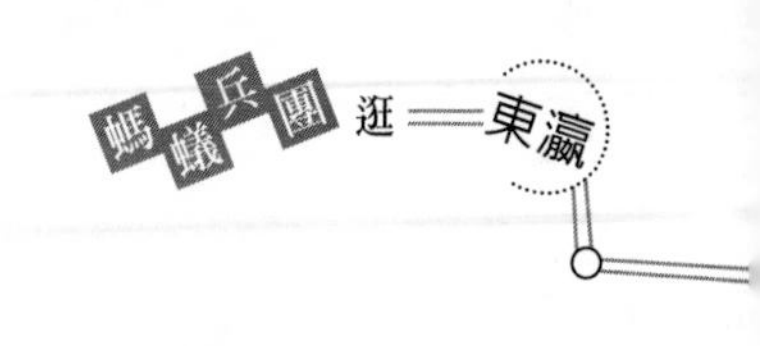

當我用我的眼隨著螞蟻團轉次旅程，有一種極細微的波動，從那時起便在心裡翻騰。那是慢慢張開的心眼，我正練習由虛景看向實物；由螞蟻姊妹們對拼布的熱情體會現實人生裡持續向前的動力。

當然這不是任何一處美麗風光帶給我的震撼，可它卻在五天的行程裡一分一分滋生出來，我因而明白旅行可以是很不一樣的，當眼睛看到繽紛美景時，在心裡另有一隻眼睛，看到更豐饒的人生意境。

我必須說，螞蟻團教會了我用心眼看人生風景。

CONTENTS

目次

推薦序——學習圓夢的旅程　林幸珍／9

自序——啓開心靈之旅　妍音／13

緣起　拼布，旅程／19

（一）東京故事，生命拼圖／22

1. 三長爺繞著東京跑／23

2. 你的，我的，每個人的故事／29

（二）螞蟻摸黑去旅行／34

1. 哇！第一夫人帶名模出國去／38

2. 呃？螞蟻嬌娃群有隻白雄蟻／44

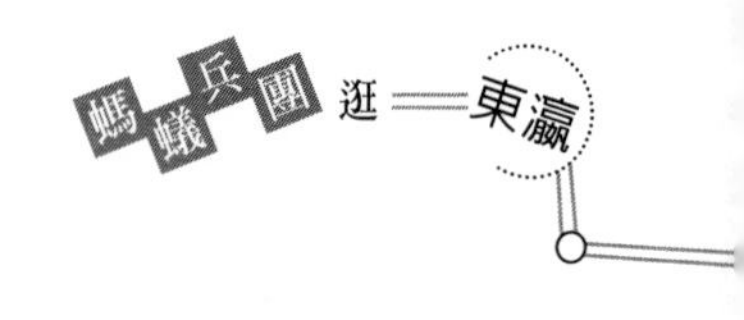

（三）害羞螞蟻溜光光／49

1. 天然拼布小田原／51

2. 好湯，一湯三泡／58

（四）陽春召我以煙景／64

1. 齊步走，朝聖大涌谷／65

2. 海盜船，搶看蘆之湖／72

（五）大塊假我以文章／76

1. 神社、遺跡、古道都可入畫／78

2. 杉林、花朵、鳥兒縫進拼布／83

（六）逛進橫濱拼布展覽館／88

1. 遇見日本國寶級老師／89

2. 一是初見，一是重逢／95

（七）勤奮螞蟻在一班／99

1. 專注瀏覽，不知疲累／100

CONTENTS

2. 滿載而歸，笑逐顏開／104
（八）MM21（Minato Mirai 21）／109
1. 脫隊先向未來去／110
2. 同胞姊妹自由行／115
（九）一枝穿衣服的筆／120
1. 恩愉妹妹，記得多保重／122
2. 乖，ㄓ、玲姊姊照顧妳／127
（十）揮揮手，bye bye囉／131
1. 噢，媽咪，您平安回來了／132
2. 嗯，跟班我，帶回禮物囉／135

結語／139

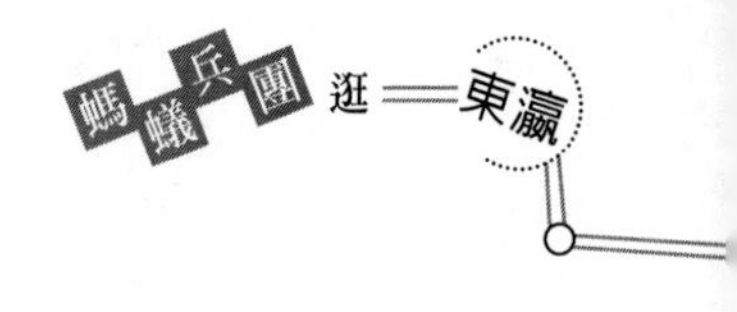
螞蟻兵團逛東瀛

＊＊＊緣起 拼布，旅程＊＊＊

談到旅行，人的一生不就是一趟豐富旅程？

呱呱落地後就開始對這個世界進行探索，再後來便從住所周邊向外擴展，每一個步履的邁出，都是一個旅程的啟動，我們遂在日復一日的行動中，累增許多生命能量，也陶養了對美的感受。

每一個旅程從起點開始，儘可隨處瀏覽風光。無論是人、地、事、物，只要合於個人美的感受，便能收藏在自己心中，從而內化成個人生之旅的收穫。有時僅僅只是將美收藏心中，似有不足，總想要將那份光華藉各種元素展示出來，與他人分享，也讓旅程更富饒趣味。

有些人以文字記錄他的行旅，有些人特別鍾情以影像保存記憶，當然還有些人是以色彩、構圖，將觸動心靈的那幅風景呈現出來，以期永留風華。

什麼樣的美是美？如何讓抽象的意象實體化？

旅途中有些什麼值得留下？

高山流水也罷，綠樹紅花也罷，江河海湖也罷，倘若是將這些姿態萬千的自然風光，以裁剪的布塊拼縫出來，是不是另一種風情的田野風光？

這樣的美，是實體，也含意象吧？

那麼，拼布是什麼？

以各種不同花色所拼縫的風光又是如何？

自我眼眸看去，拼布是一門細緻，結合細心與耐力的人文藝術。

我以景仰佩服的態度，欣賞每一位走入拼步藝術的婦女，光是那份專注，就足以教人讚歎。

許多人都知道，拼布源起於美洲拓荒時代，後來經過日本婦女精緻化的風格異動，漸漸讓拼布由實用轉而朝藝術之路邁進。

對於拼布如此細緻的藝術創作，我是大大的外行，壓根是完全不擅長。可是幸運的我，卻能有為數不少的拼布作品可以欣賞或使用，這是因為有個熱愛拼布藝術的姊姊，不定時為我縫製手提包、椅墊、娃娃……等。在我處的拼布作品，除了有大姊出神入化的拼縫技巧外，還飽含了她對我的手足之愛，所以啊，那些可都是無價的藝術品呢！

二十年來，我看著跟著姊姊走遍許多地方，她買下一幅幅她喜愛的布料，再經構思設計圖案加以配色剪裁，然後將那裁好的一小塊一小塊拼布，一針針縫成所設計的壁飾或成品。

在這之中，我也在姊姊日復一日、來來回回拼縫之中，看到一根細針就能拼縫出的人生，而那一件件拼布成品中更有意在物外的自我表達與思想呈現。

說實話，拼布我完全不懂，我只是喜愛當姊姊的跟屁蟲。所以當姊姊一說她們螞蟻拼布社將要前往日本橫濱參觀世界拼布展，我便雀躍著要跟。可別說我愛哭愛隊路喔，我只是想，在姊姊用拼布豐富她的人生時，我就藉著一處一處的景點參訪，拼出我自己的生命風景。

所以，就像熱愛拼布的婦女一針一線縫出個人珍藏一般，旅行也是在一地與一地的遞嬗中，完成了整個旅程的拼圖。

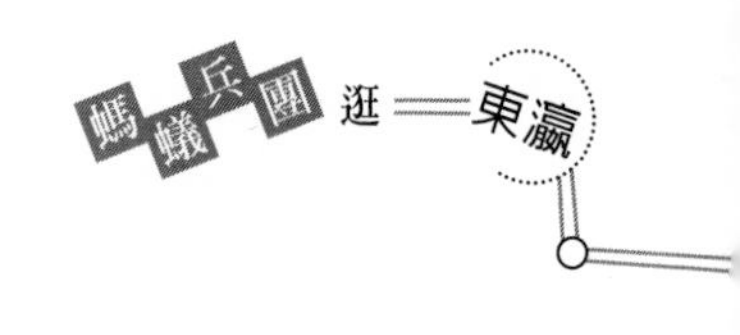

（一）東京故事，生命拼圖

說起旅行，我獨愛與我們相鄰的櫻花之鄉，所以姊姊一提起要去日本旅行，我就非跟不可了。

不知是不是當年日軍撤退時，在我出生地的上空撒了符咒，要不我竟是能將日治時期次殖民的痛忘光光？

是說日本統領的年代我又沒趕上，痛在哪一點，我是不是無限上綱了？話說回來，自小接受的教育，都教我們該要保持泱泱大國的風度，以德報怨，包容東邊這個小日本。反正都是東方民族嘛，膚色、髮色都一樣，吃的是米飯，喝的是燒酒，同款文化背景，何必有「分別心」呢？再說那個櫻花、楓葉景色優美；拉麵、壽司樣樣呼伊死，在在對我放出「致命吸引力」，怎能叫我不要去！

雖然旅遊的首選便是日本，但近十年來的經濟實在是太不景氣了，我平時得縮衣節食，努力存新台幣，省吃儉用才存夠錢買一張來回票坐飛機，將自己塞進飛機的經濟艙裡。當我走過商務艙時，還是嚥了好大一坨口水，才能免於肖想把自己丟進那寬敞舒適的座位呢。

唉呀，能出國玩已經是最大幸福了，不能再癡心妄想、貪得無饜，老祖先教過我們，安貧樂道和知足常樂才是純粹的生活哲學唷！

我要是再咿咿呀呀說些有的沒的，家裡的小鬼可就要抗議了，他們都沒得去，我這能出國去玩的人還不嘴巴惦惦？

嗯，我就惦惦地跟著四處玩就是嚕！

很湊巧的是，到目前為止的幾次日本行，第一站都是日本首都所在的東京。

嗯，東京喔，銀座、新宿、原宿、表參道等地都一等一的有名，也到處都是人。除此之外，東京這個城市，在我腦海中記錄了哪些記憶？

喔喔，有，當然有，而且還記憶深刻呢！

1. 三長爺繞著東京跑

十七年前第一次到東京，雖不能說是鄉巴佬出國，但也實在是有點劉姥姥進大觀園那樣的「大開眼界」喔。那時咱台北捷運是工程進行中，大台北地區陷入交通黑暗期，捷運「通車日」還遙遙無期呢！初入日本國門，乍看到人家方便快捷的運輸網，躍躍欲試中

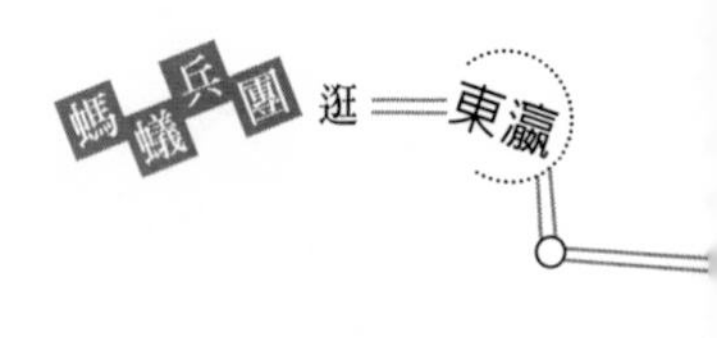

又帶點兒怯懦，不知乘坐的感覺會是怎樣？是不是真的快到要飛起來？也還是得實際玩一玩，才能體驗到搭捷運的感受，也才「不虛此行」嘛！

那一回是咱家裡的姊妹四人一起出遊，後來因為眾姊姊的通融，我家那口世界酷哥三長爺（家長戶長兼厝長的爺）才得以跟隨女眷同行，就這麼組成了五人微型旅遊團，東京大阪四界走。那年，五個人之中，除了二姊出入日本如入自家灶腳外，我們其餘四人都是大姑娘上花轎——頭一遭。其中有兩天二姊有她個人商務待辦，於是就放我們四人單飛，呃？這情形是誰放誰單飛呢？二姊是一個人，我們可是四個人喔？這倒不是看人數是單是多來界定，實在是我們四個人初到東京這「貴寶地」，很是人生地不熟啊！

和二姊在馬喰町分手後，三長爺領著三個娘子軍，從隱藏在建築物中的地鐵入口下了樓梯。一開始還雄雄有驚訝到呢，櫻花家的捷運入口真不起眼，不細看還真不明白呢！是說「地鐵」顧名思義就是在地底下跑的鐵路，那咱台灣人四員就得往地下鑽囉！許多年後在台北搭捷運，也常要往地下鑽。

我們就這樣操著不很流暢的日本話，加上三長爺一口日本仔聽來霧煞煞的英語，問了路買了票，又是地鐵又是公車的，一路玩到迪斯奈樂園。整整盡興一天，大大滿足了之後，回到住處得好好養足精神體力，第二天可是還要「四處征戰」的呢！

隔天的行程我們預計要去從地圖上看來的「鬼怒川」，又是鬼又是怒的河，聽說有不錯的溫泉在那兒，想來八成是料好價錢實在的「湯」，噢，可別以為是喝進肚裡的啥「湯」喔，人家櫻花家的「湯」是指溫泉，那這「鬼怒川」溫泉必定是風景優美水質不錯的溫泉囉！

於是三加一個「待燙」的「初生之犢」，一大早吃過早餐，傻呼呼搭了地鐵再轉鐵道（那時只顧新鮮好奇四處看，就是沒用心注意搭乘的是不是東武鬼怒川線），雀躍中帶點忐忑的向著鬼怒川前進了。

來到人生地不熟的外邦，一開始心裡還會小小的「戰戰兢兢」，再一想「既來之則安之」，一切就交給上天了，噢，不，是交給三長爺啦！反正跟著三長爺走就是了，在這個他擅長英語卻無路用的日本，他要想把我賣掉大概也還有點困難，再說兩個姊姊都「臨危不亂」「老神在在」了，我還需要擔心什麼嗎？何況我們也看準了三長爺人膽之外沒再多生「狗膽」，料想他是不敢隨意動他「二號丈母娘」（咱家大姊）的「歪腦筋」，他當然更沒能耐一次賣掉三個女人啊！

是說跟對人走，一切就能順利，我們時間並沒多耗，他老兄在地圖上看了好一會，好像是買了東武鬼怒川線的票，吆喝我們上了車，當然也是讓我們如願的泡到「鬼怒川」溫泉了。鬼怒川泡湯行圓滿達成後，還是要搭火車轉搭地鐵回到住宿地的馬喰町。

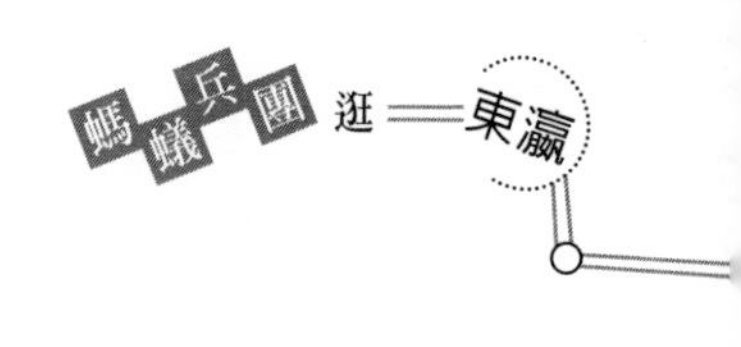

問題是鬼怒川的泡湯記，大大地「震撼」了我們三個姊妹（詳細情形請續讀第三回第二小節），差點沒昏死在鬼怒川，也就忘記拍下那處的美麗景致。

第三天，二姊辦事去，三長爺目的地是電子資訊產品大商城的秋葉原，我們其他三姊妹只好和別人湊團去遊箱根富士山了。五個人分三路，各走各的，各享不同興味。

那晚三長爺最後回來，回來後一臉慘白，赫，不是被有禮無體的櫻花妹給嚇著了吧？

「怎麼了？」

「我差一點回不來？」

呃？我們四姊妹分別都回來了，你會回不來？騙小的？

「地鐵下錯站，爬上路面發現不是我們住的地方，再下去搭地鐵，跑來跑去，又回到原來那個地方，這次明明有看清楚是馬喰町，出到地面還是不對，再下去看清楚地圖，才發現走錯出口，只好再爬下爬上了。」

「下錯站？你沒記得是馬喰町嗎？」二姊有點不明白，她可是教了再教，說了再說，「三長爺」還搞錯，他腦袋有沒問題啊？

「下到馬喰橫山了。」

「馬喰橫山？」除了二姊外的三個女人齊聲問，只差個橫字，有差那麼多嗎？

「馬喰町就馬喰町，你跑去馬喰橫山做什麼？」二姊再說，但說實話我還不知有馬食橫山這個地方呢！。

是啊，我家這個帥帥男跑去馬喰橫山做什麼？是說，如果我太大意，沒仔細去把那個「橫」字踢出來，可能也會搞錯吧！不過山和町也是有差吧？幸好我都跟著姊姊團體行動，要一票人都走失，大概是不容易的。

「就是看錯咩！」

呵呵，看來是三長爺這「小頭子」比較有可能留落異邦！

「不用害怕，多搭幾次你就熟了，如果搭上山手線（ＪＲ），因為它是環狀的，怎麼搭都還是會回到原點，你要是不下車就隨它載著繞好了。」老經驗的二姊說。

「我後來下車後再仔細看了地圖，馬喰町在總武快速線，我根本是搭錯線，這下子找出原因，就放心多了。」

是嗎？放心多了？那這會兒幹嘛還面仔青損損，一副著青驚（受到驚嚇）的款。

這麼說，東京的地鐵還真是捷運呢，整個的便捷沒話說。

日本的鐵道真是方便，不只東京地區如此，跨越城市的聯絡網也是方便的，聽說不如實際體驗。接下來為了省去一晚的「夜渡資」，哎呀，說錯了，是「夜宿費」。我們五

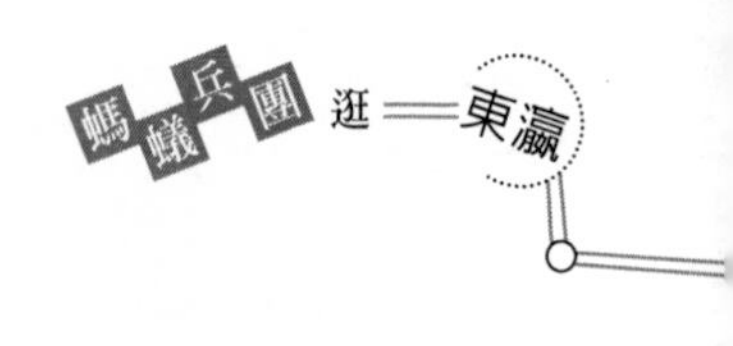

人微型旅遊團因二姊已早一天前去大阪洽商，所以又恢復到三長爺領著三個「阿娘仔」（呵，姑且當是三娘教子）「千里迢迢」前去「尋親」，我們商議好搭乘晚間十一點多東京發車的臥鋪火車，次日早上六點多到達大阪，然後再「摸」去二姊已先行入住的住宿處。

那是第一次「正式」進入東京火車站大廳，媽媽咪呀，宛如迷宮嘛！自大姊以下我等三位「為娘的」就坐定椅子上，買票、查詢月台等瑣事就讓是長又是爺的那人去忙，他可愛著呢！西方不是有句話說「權力就是春藥」，這能一把抓的權就讓他吧！還好他也能把一切搞定，沒出半點差錯。

日本的臥鋪火車每一包廂內是左右各一組上下鋪，也就是四人一間，雖不是頂寬敞，但卻是乾淨舒適，與在台灣搭乘台鐵的經驗不可同日而語。而且男女有別，不同性別不同車箱，嗯，這樣困擾比較少，相對的也自在多了。

那一夜是第一次，別想歪，是乘坐臥鋪火車的第一次，嗯，經驗美好，感覺愉快。只是十幾年來就那一次，為不想讓它成絕響，我可要好好規劃再來一次東瀛臥鋪之旅才行。

如果能夠，我也想有一天在東京搭JR線轉它幾圈，不知會不會頭暈喔？

2. 你的，我的，每個人的故事

故事，時時刻刻在世界的每一個角落發生。
每個地方都有故事，每一個人也都是一篇故事，而我們也時時在寫著我們自己的故事。
出外旅行的故事，那更是不同於平日，或許有意料之外的感受唷！
你的旅途裡曾有過什麼難忘的記憶？那是屬於你個人的故事，你可以選擇要不要與人分享？
而我呢？東瀛的旅行經驗裡有沒有什麼大事讓我幾年來都難以忘懷？
呃呃，有的呢。
什麼？想知道是什麼故事喔？
那是歹勢的代誌，人家不好意思說啦！
嗄？沒關係，想聽得很，真的？
好吧！我說了，是……我在東京流淚的故事啦，你可別問，敢情我是上演一齣台灣女人的「東京愛情故事」？
喔，不，我那淚是慈母的淚（唉喲，自己說是慈母淚夠噁心的，也不怕被行人嘔吐物淹沒），我是為被我拋在台灣的幼子牽腸掛肚啦！

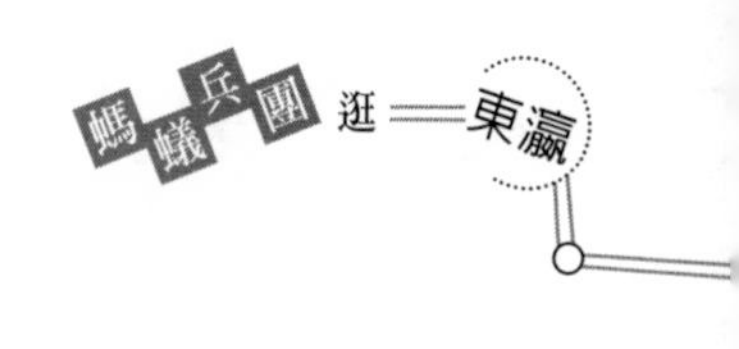

欸欸，先別現出那不以為然的表情喔，母親真偉大，沒聽過啊？

說起那時我這幸福少婦，把一雙幼小兒女丟給老媽，就和宇宙無敵超級大帥哥的三長爺飛東京玩玩了。雖說我是出國去玩，但說什麼我也是有愛心有良心的娘，玩就玩還老想著打電話回台灣，東京的第二天晚上買了電話卡找了電話就插卡撥號。電話一接通，就聽見南下港都當老褓母的老媽告訴我，孩子發燒長水痘了，我一心疼眼淚就撲簌簌的直掉，三個姊姊看了都對我感到莫可奈何。

「哭什麼哭？這麼遠，妳能怎樣？」

「媽也真是的，告訴妳這些做什麼？」

「不然，現在去買張機票，妳自己回台灣。」

姊姊們妳一言我一語的，全然不是安慰我。厚，孩子不是她們的就這樣說風涼話。事實是隔著山隔著水，我就算心急如焚，燒紅了，也遠水救不了近火，孩子就是已經生病了，我又能如何，難不成真要騎上掃把飛回高雄啊？（赫，真以為有支掃把就能當魔女啦？）

「反正，媽會幫妳照顧他們的，妳怕什麼？」

「發燒長水痘而已，又不是什麼大毛病，兩天就好了。」

「嗯啊，又不是沒發燒過。」

我知道姊姊們是為我好，她們說這些都是試圖轉移我對年幼孩子的掛念。她們大概也是看到孩子的帥哥爸都沒吭聲，給他來個懲罰，不許他跟著上街，唯一重責大任，就是想辦法讓他的老婆我「不哭」。

三個姊姊就這麼一起外出逛銀座，把我們這一對丟下孩子飛來日本玩的厖某拋棄在民宿屋內，唉呀，好狠哪！

見四下無人，別以為方才沒吭氣的帥哥會有啥舉動（你還肖想他餓虎撲羊啊），他只是出聲說了：

「出來玩，就不要去想那些，媽會照顧好的。」

「可是兩個孩子都發燒長水痘……」

「放心，孩子不會有事的。」

是嗎？孩子不會有事的。姑且相信他，他是孩子的爹，我們那一家的戶長、厝長兼家長（即三長爺）都這樣說了，我該相信的。

老姊們說我啊，是哭好命的，哼，她們這幾人都不懂我的心。

不過這話說給人家聽還真見笑，在東京哭泣，居然不是因為撞見愛情，而是為了孩子牽腸掛肚，雖說母愛也是一種愛，還真是一點也不浪漫呢。

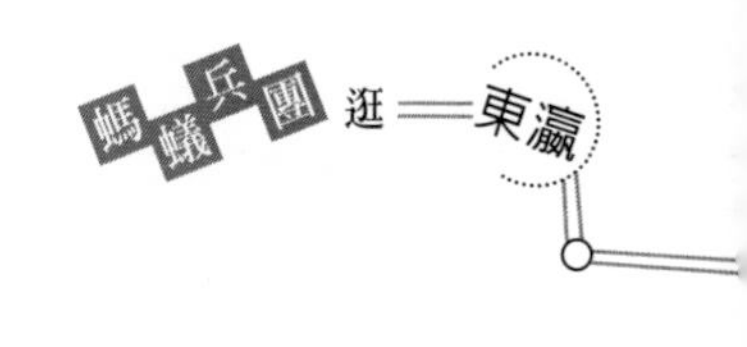

不過，那一夜，我還真是抽抽噎噎的哭了一晚。唉喲，這也是第一次呢，在東京哭泣的第一次。呵呵，這種見笑代誌還是只要一次就好，也算是締造空前絕後的記錄嘛！

東京，這樣一個日本各鄉鎮人士都想湧入的都市，不是都該繁衍出像「東京愛情故事」或「東京仙履奇緣」這樣的故事嗎？

記得好多年前對「東京愛情故事」著迷，是因為喜歡劇裡面莉香（鈴木保奈美飾演）有事沒事喊著完治（織田裕二飾演），那聲音裡有滿滿的依戀，不論她是帶著笑意喊著完治，還是淚眼婆娑的呼喚，都是飽含情感與甜蜜。即便完治在莉香和里美之間擺蕩不決很久，莉香仍然堅持她心中對完治的執著，因為「愛過就好」，雖然最後完治的選擇不是莉香，但是莉香無怨無悔於她對完治的情，她知道完治永遠在她心裡。

故事的結局有點淒美，但我喜歡，我喜歡莉香這個角色，有大半的因素是鈴木保奈美把她演活了。戲劇下檔後很久，我都還會想起莉香喊著完治，那麼的精神。有愛在心中，一時是永遠，永遠也是永遠，這是莉香傳達給我的，不是我的東京愛情。

如果能在東京邂逅一場愛情，好像也是很美的，但這仍然不是我的幸運，是「東京仙履奇緣」裡的雪子。這是另一齣經典的東京愛情偶像劇，但是我卻是選擇閱讀書本來遐想，透過文字我貼近雪子的心，感受她對雅史的癡傻。愛情通常是沒有原因沒有理由，就是莫名的為某人深深著迷，從第一次凝眸之後，日思夜想，拂不去的心頭人影，時時都在。雪子之於雅史，還真是一場仙履奇緣，不同於「東京愛情故事」裡的莉香，最終她的愛不是只放在心裡自我收藏而已。

這樣看來，東京似乎適合營造一種氛圍，演繹愛情的氣氛。然後，讓年輕的女子在愛情的糾結裡潸然落淚，再各自療癒成一個「有愛」的女人。

弔詭的是，那年我在東京哭泣，怎地全然無關愛情咧？害我還哭滿民宿裡的所有茶杯，真是白做工了。

十幾年過去了，這一回我又一次在東京乘坐地鐵來來去去，竟是一點也惹不出傷心情事，連風吹沙也沒跳進眼睛，要命的是，我還快樂得很呢。

真是的，我每一次的東京故事，都無關愛情。

呃？東京的故事不一定都是述說愛情。

也對啦，不是有個「東京鐵塔」的故事，那是描述母子互動的親情。

嗄？啥？你說啥？我那年在東京哭泣也是孺慕之情，也很感人呢。

是說，我也太天真了吧！連三個姊姊一個三長爺都感動不了了，還要感動誰啊？

什麼？你叫我不要氣餒，寫成故事就感人了。

別別別，別陷害我，我那是出「洋相」啊！

（一）螞蟻摸黑去旅行

喔喔，這是出國旅行，又不是幹什麼見不得人的勾當，幹嘛要摸黑就得出門咧？

可別以為我瞎扯淡，事實上就是如此。這一團原是府城螞蟻拼布進香團，噢，不是啦，是有品味有藝術氣息的橫濱拼布參觀團。人家是內行看門道，我這個跟班是外行看熱鬧，有得玩就偽裝一隻螞蟻嗅著阿姊的氣味跟隨她一起飛出去。

所以當我拿到旅行社給我的行前通知時，還真是嚇了一跳，只差沒從椅子上摔下來。

清晨4：40在小港機場中華航空櫃台前集合，有影沒？這麼早小港機場有人鳥我們嗎？

我以為是我家傳真機出了問題，跑出來的數字會自動跳號，為此還特意打電話向老姊詢問，得到的答案是「沒錯，就是那個時間，早去晚回才划算。」

啥？早去晚回的行程？天哪！這樣的安排，也真是給它有夠早了吧！

至於那個划算，好像有一點。可是睡眠不足，不知划不划算？呃，當我沒說，我跟就是了。

是說秋天呢，太陽公公沒那麼早起的一大清早就得起床，玩需要玩得這麼拚嗎？呃，好像是要的，我啊跟的是一群螞蟻姊妹，螞蟻的勤勞是沒得比的，這下我可真的見識到了。

清晨的小港機場

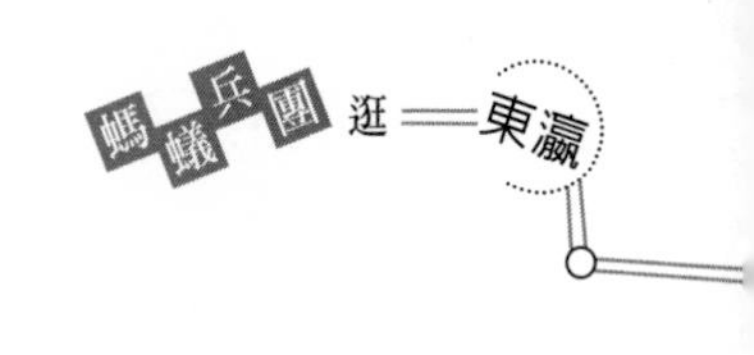

沒辦法，因為還要托運行李，勢必得提早到機場。然後便是搭乘第一班接駁機至中正機場轉機，因為還有兩個團員在中正機場和我們會合，其中一個是鼎鼎大名的「王麗雅」（名模？）喔。

這次半夜三點起床，四點出門，赫，還真改寫我過去的出遊記錄。我的出國旅遊經驗裡，從沒有一次像這次這樣的，躡手躡腳（怕吵到鄰人？還是怕被當成賊咧？）摸黑出門。

出發那天鬧鐘設定在凌晨3點，鬧鐘一響，我馬上起床梳洗打扮，要出國旅遊嘛，總得把自己弄得人模人樣，要不，昏暗天色裡把人嚇死，倒要如何是好？

我這人行事雖快效率雖高，但卻是喜歡有足夠時間可供我從容不迫的進行，這樣我才能在一切打理好了之後，再有餘裕檢查有否遺漏。待一切都確認ＯＫ，時間也還早，且讓我再坐一坐喝喝水，將心情調整到最愉悅的狀態，快樂出國去。

為了我要出門去玩，難為了我家酷爸三長爺也跟著少睡起早只為了說bye bye，喔喔，惜惜。

出了門，天還真是暗哪！不知情的人，不知道會不會以為我趁著月黑風高時，挽著細軟離家出走了？我呢？是害怕行李箱拖著地上走會擾人清眠，所以還是費力提著走，再讓接送的司機先生給放進後車廂去。秋末起得這麼早，到處鴉鴉烏的，路上沒幾部車在跑，我還真算準了，4：30出門，跑一段高速公路，不出10分鐘就會到機場。果然一腳踏進小港機場國際線航站時，正是旅行社要求的集合時間4：40，一分也不差。

嘿嘿，ON TIME也是我這女人自我要求項目之一啦。只是，看到航站大廳空蕩蕩的，不用多想也明白是要等人了嘍。

不過，我了不起只是準時，人家倩倩和她媽咪（螞蟻嬌娃群裡唯一住在高雄的夥伴）早在椅子上等著了。呃，她母女倆該不會昨天夜宿小港機場吧？我瞎猜，你別信。人家她們是搶到頭香，你沒看倩倩一臉睡眼惺忪，顯然是瞌睡蟲還沒趕走，她是被媽媽硬從被窩裡拉出來的囉，等人的時候是該讓她椅子上靠著瞇眼假寐的。

不多時，南部成員都陸續到達，在導遊吳小姐仔細說解下，各自領回各人的護照機票，再依序排隊托運行李。等到一切都弄妥，準備出境時，時間剛過六點，剛才還墨沉沉的室外，不知被哪隻魔幻大手撥去灰暗，天色漸漸從濛濛灰要轉魚肚白，倩倩的那一雙眼還沒完全睜開，我們就已經要展開為期五天的旅行了。

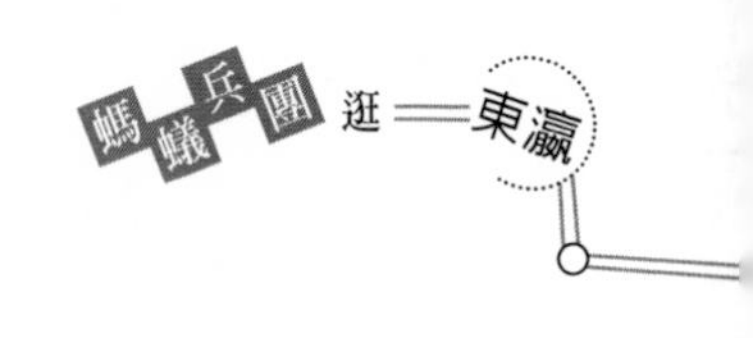

1. 哇！第一夫人帶名模出國去

看到這樣的標題，你是不是嚇了一跳？

第一夫人帶名模出國去？這是怎樣的情形啊？

第一夫人和名模扯得上關係嗎？呃……也是可以啦，反正都是有名的女人嘛！可問題是第一夫人會鳥我們這群小螞蟻嗎？名模說不定還會啦。這整個看起來，好像是小螞蟻們高高的給它攀上去了喔，嗯，不知道第一夫人有沒有身上癢癢的。

別以為我胡說八道，我們這團真的有個吳淑ㄓㄣ喔！

欸，別賣關子了，快說啦！

噢，好啦，別激動，說就說嘛！

實際狀況是這樣的。

這一個橫濱拼布參訪團，是古都台南螞蟻拼布研究社的「東遊取經團」，取啥經？拼布經啦！理所當然的成員多數是螞蟻拼布研究社的社員，少數是社員眷屬。比方林幸珍老師的兩位妹妹，還有我這最不擅長拼布藝術，又「愛哭愛隊路」的人，都是螞蟻眷屬啦！

二〇〇五年11月9日清晨五時許，螞蟻拼布研究社一行姊姊妹妹們，在高雄小港機場會合，將搭乘華航CI 192班機，到桃園中正機場轉乘CI 100班機，飛往日本東京成田機場，進行東京橫濱箱根的旅遊。

從早先傳到我手中的行程表，就可看出此行旅遊成份較少，目的在參觀橫濱市所舉辦的二〇〇五年世界拼布展。這群螞蟻姊妹們對拼布之熱愛，若非親眼所見，還真是難以想像，也難怪花費不在旅遊而在參觀見習的事項上，也不會心疼，更難怪一夜未眠，三點多由台南驅車至港都，也洋溢歡樂。

旅行社除了規劃適合拼布團需求的行程外，同時也為螞蟻拼布社安排了隨團導遊小姐。導遊吳小姐是來自台南府城，有二十年經驗的資深導遊吳淑ㄓㄣ。

「……我是吳淑ㄓㄣ，第一夫人啦，很榮幸從今天起，我們有五天的相處時間……」別開生面的自我介紹，著實吸住了團員目光，眾人專注聽她說解。

呃？吳淑ㄓㄣ？第一夫人？我有沒有聽錯？第一夫人啥時得靠當導遊謀求生計了？待我仔細瞧瞧，呃？更奇了，這個吳淑ㄓㄣ「健步如飛」的呢。

呵呵，同名的吧！

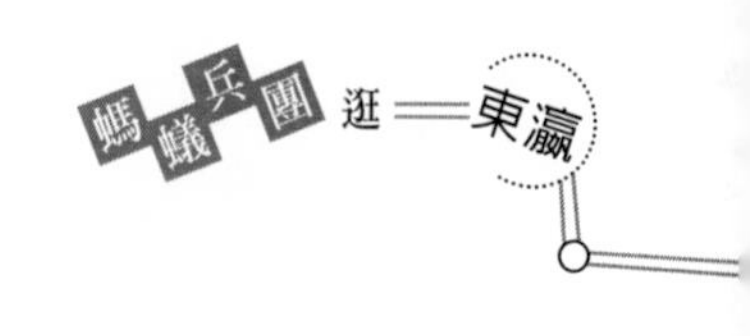

乍聽吳小姐的自我介紹，螞蟻姊妹們不約而同笑了出來，然後是典型螞蟻溝通方式的一陣窸窸窣窣聲，「呵呵，第一夫人帶我們出國去呢！」

「嗯啊，第一夫人呢。」

「真的是吳淑ㄓㄣ喔？」

「真的吳淑ㄓㄣ啊！」

「真的啊。」

「同樣那三個字？」

「不同，是同音，ㄓㄣ是不同的ㄓㄣ。」

哦，原來如此，知道了喔。可見第一夫人那名字，也滿普遍的啦（我可沒說菜市仔名喔）！

「人家這個吳淑ㄓㄣ（貞）不必坐輪椅，她會帶我們到處去逛咧。」

「是嘛，是嘛，我們這團的第一夫人吳淑ㄓㄣ聲音雖然也有點沙啞，不過和那個吳淑ㄓㄣ比起來沙啞的還算有磁性。」

導遊吳淑ㄓㄣ小姐在來來去去協助團員CHECK IN之餘，也抽空插進一句她個人因為此名而有的深刻感觸。

摸黑去旅行

「唉，我喔，因為吳淑ㄓㄣ這個名字，香港的簽證一直下不來呢，衰喔……」

「為什麼？」有人問。

「我哪知？吳淑ㄓㄣ這個名字這麼敏感……」

言下之意，導遊吳淑ㄓㄣ並不以名字與第一夫人那個吳淑ㄓㄣ同音高興，反而是無奈的多。

嗯，還好咱這市井小民，雖然有個普羅大眾菜市仔名，比較沒那層煩惱，也是好的啦。

就從這時開始，都還沒踏出國門，一團十八個人的參觀隊伍，就有一個如雷貫耳的響噹噹名字，已經可

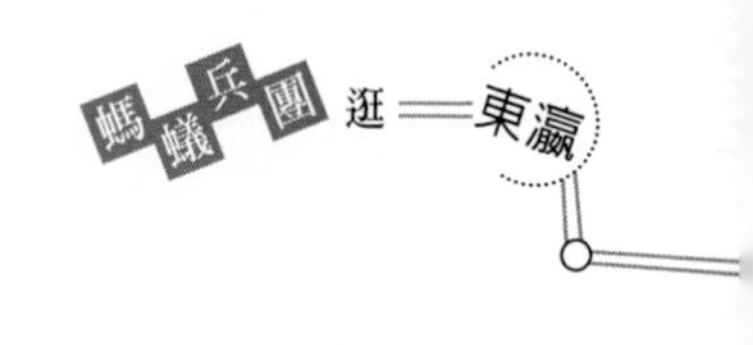

以讓螞蟻姊妹在小港機場大廳裡說說笑笑一番，看來接下來的幾天，茶餘飯後還是不缺話題的。

無獨有偶的，這一團的小領隊也是個「名」女人。

哇哇，這是怎麼地，大小領隊都是有來頭的「超有名」女人。說起小領隊本身也在旅行社服務，和第一夫人導遊是同事，她同時也是螞蟻拼布社的成員，鼎鼎大名林ㄓ、玲小姐。

「噢，第一名模呢。」

「妳才知，林ㄓ、玲呢。」

「ㄓ、玲姊姊抱抱你。」

我們這位ㄓ、〈智〉玲姊姊也會唷，而且啊，這個府城ㄓ、〈智〉玲的音色是數一數二的優質，堪稱是天使之音，不必特意去上語音課矯正，因為啊，她沒那過度的ㄋㄞ腔啦。有了一個第一夫人和一個第一名模，我看這個團不必出國也能玩得HIGH，也能趣味橫生。

在小港機場已經熱鬧滾滾了，不過這算啥？真正的趣味還在後頭呢，因為不缺「名女人」的這一團，還有個剛冒出頭的「名模」，她的名字不像吳淑ㄓㄣ、林ㄓ、玲，只是讀音相同，她呀，姓名三個字讀音文字都一模一樣呢！

「欸欸，等一下還有個新名模會在中正機場和我們會合。」王家大姊說話了。

「新名模？」丈二和尚還不少位呢！

「王麗雅啊。」

「王麗雅？」

「哦……」

顯然新名模才剛要嶄露頭角，有些人還不甚清楚。

說起這個王麗雅小姐，就是二〇〇五年剛剛摘下ELITE MODEL LOOK的后冠。二〇〇五年她剛摘后冠時，芳齡一十八。而我們這位名字如假包換的「仿名模」，半路拉她阿姊裙角參加，自稱芳齡二十八的王麗雅，大方開朗，一路搔首弄姿，外再加說笑逗趣，是另一款名模啦！

她小姐在中正機場一與螞蟻團相會後，便是落落大方的自我介紹，「我是名模，王麗雅啦！」然後便走起台步來了。

這下子全數目光都投射到她身上，要不紅都很難了。

好啦，一團不過十八人，名女人就占了三個，六分之一強呢，敢情我們其他人是伴遊的螞蟻嬌娃？

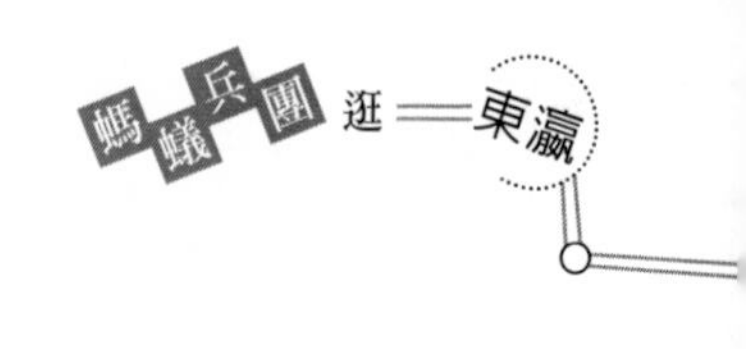

2. 呃？螞蟻嬌娃群有隻白雄蟻

呃？我有沒有眼花？是太早起床還睡眼朦朧？還是機場燈光太亮了？怎麼螞蟻嬌娃團裡出現一個「雄兵」？

這萬叢紅中一點綠，還真醒目呢！

是說雄兵大哥不會彆扭嗎？還是人家他老兄身經百戰（這種陣仗），早練就「一心不亂」、「無所住於心」的禪定功夫了。

我這疑惑是在全體螞蟻嬌娃，正全神貫注聆聽導遊小姐做行前解說時，不經意瞥見團體裡「混雜」了一位男士也屏氣凝神仔細聆聽時產生。

我啊，當下心中一團迷。

這是怎樣？導遊小姐說得吸引人，這位男士被吸引過來？

可是不對啊，清晨五點多小港機場航站裡只有我們這一團啊，根本沒別的團體，也沒別的「閒雜人等」。

敢情這位頭頂智慧的雄兵大哥，是……我們同團團員？

這下子我更迷糊了。

螞蟻團裡獨一無二的雄蟻

從大姊那兒獲得的資訊，這次出門的不都是「貨真價實」的螞蟻姊妹？這位仁兄……難不成是機場方面因為我們搶頭香，第一團辦理登機手續，給的特別獎賞（獎賞怎是人咧）？還是有關單位擔心我們一團全是女流，特別派來的護衛（這個可能雖然微乎其微，不過比較合理）？

雄兵大哥和螞蟻姊妹大伙兒一起聽導遊解說雖然奇怪，但還沒達到「最」的程度，最教人感到奇怪的是，除了我之外的其他團員對這位「雄兵」大哥都「視而不見」，難道……不會吧？

這一驚非同小可，大姊明明說過團員都是螞蟻拼布社的社員，她的同學不都是女性？這會兒來了個有點年紀的男士？（怎麼知道雄兵有年紀？因為他的頭唱著白髮吟哪！）

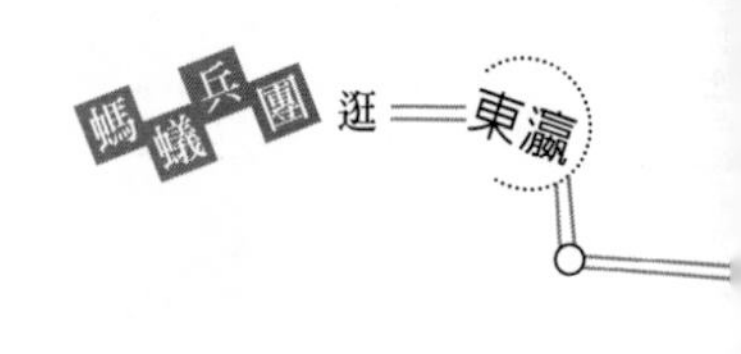

難道拼布社員也有男士？那是這位雄兵大人對「挑花刺繡」很感興趣嚕！我心裡在燃起各種想像後，越想越迷糊，乾脆找個人問明白，我因此靠近大姊悄聲問道，「很奇怪，有個男士也跟在我們這團呢！」

「有什麼好奇怪？他是我們這團的啊！」

「呃？」資深男與我們同團，那表示府城螞蟻團真的有個「雄」兵，這可是教我大大的詫異了一下，現代型男也得會針黹喔。

「妳的同學不全都是女人，怎麼有個歐吉桑？」。

「什麼歐吉桑？他是員外。」赫，大姊不但知道有這位先生的存在，看來對他還知之甚詳。不過都二十一世紀了，還哪來員外？

如果有員外，可有安人？

再說這家員外跟我們這一團含導遊小姐在內共十七個，又有夫人又有名模，而且個個姿色都不差的女人一起出遊，他家安人在家真能安心吃飯睡覺？又或者他家安人也來了。大概是我的表情流露疑惑，大姊再次說明。

「免懷疑，那就是吳員外，金主呢！」

金主？吳員外？

金主跟著十幾個女人出國，是將「金援」全部團員？做個名副其實的「援外」。不過說到「金援」，也太沉重了，別說他家的金螞蟻安人不會答應，要真對十幾個女人「金援」，這一趟旅程恐怕也會把金主搾乾呢！

美夢做做就好，千萬別信以為真。

到這時，我還像二愣子般傻呼呼，弄不清楚銀髮智慧男是團裡哪隻螞蟻家的大金主？大姊八成看出我這個愣腦袋反應不來，她乾脆說得更清楚了，「是我們社團林老師的先生吳老師啦！」

喔，林老師的先生，原來是「師丈」。師丈級的人物，通常累積的人生智慧可多咧，這就難怪員外金主吳老師髮頂會覆滿銀霜，早早就唱白髮吟了。

是說剛看員外大人外貌就知是思慮周密人物，不論最初「跟團」的想法是什麼，總之吳家安人林老師，有貼身隨扈保護外，我們其他這些搭飛機出國的女人，多少也「順便」會被「盯」著些，安全比較無虞了。

這一轉念，將到陌生國度的不安全感就稍稍減少了些。

要不我們這團雖然沾了「有名」女人的光，但是實際上卻又沒安全人員或隨扈圍成一團團的陣仗，有點姿色的我們也是會有點怕怕的呢。

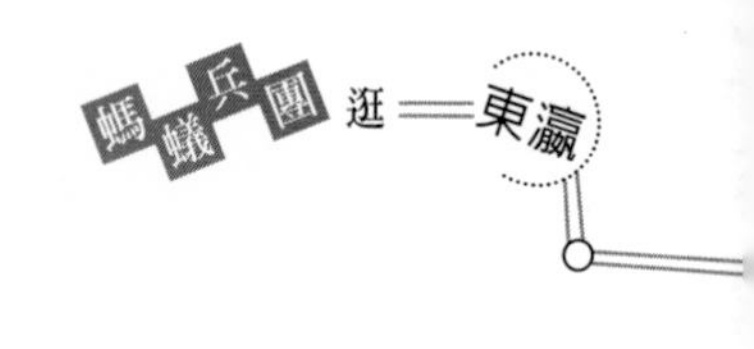

好啦，這下子明白確定這隻「雄蟻」是本團一員，而且也弄清楚了金主來歷，當然就安心了啊。

管他員外金主師丈是跟來做什麼的？（當然是護花使者，護他家的花啊）不過既然有個男人，可不可以就當他是我們這十七個女人的保鑣？（我們連花都不是，算哪根蔥啊）

話說回來，十七個都有姿色的女人，才一個保鑣，而且又不是國家安全局編派，也不是名模所屬公司指派，是自掏腰包付了團費跟著走的壓隊大老，那我們就不好要把個人身家安全都賴上他，要人家給咱們「掛保證」。

所以囉，「雄兵」雖是「雄」的，那可是人家林老師家的「英雄」，護的是螞蟻拼布社的精神老師。咱剩下的這些螞蟻們，就各自眼睛放亮點，再發揮螞蟻團體行動的特性，安全，就各自負責囉。

噢，不不，還有兩隻螞蟻也是金主雄兵的看管對象。員外師丈除了護衛林老師，本著愛屋及烏精神，他那兩個隨團出國玩的小姨子，吳員外這個「金主姊夫」也是得盡十分心關照的呢！

呵呵，這是舊劇本新翻寫嗎？

怎麼這回林幸珍老師是姊妹三人同行，外加一個雄性護航員外，與十七年前我姊妹四人和三長爺一起出遊東瀛的情節雷同？都有一個雄赳赳氣昂昂很ＭＡＮ的人押隊。唯一不同的是，人家吳老師是林家的大女婿，有豐富人生經歷的智慧男，而我家三長爺卻是姊姊們的小妹婿，乳臭未乾的傻小子（說的是當年啦）。

（三）害羞螞蟻溜光光

話說這一團由古都台南府城轉道高雄小港機場，再經桃園中正國際機場出國門，飛機在日本成田機場一落地，原先機上暈機恐慌等症狀瞬間消失，所有的人全都回魂過來，一個個又都生龍活虎了起來，連出關手續都是快快快連三快的完成。

紀律與效率向來重要，在除開雄兵，全員都屬已婚女性的團隊裡，能夠做到這兩者，實屬異數，也顯見螞蟻在自然界裡有高評價，並非浪得虛名。

這當然也是大伙兒愛惜各人荷包，花錢出國「觀光」，當然就是要「觀」，不是只把錢花「光」就了事，所以每分每秒都得把握，才能盡享旅途風光與趣味啊！

雖說這團是拼布參訪團，重心是放在「世界拼布大展」上，但也不需要把自己搞得像

「拚命三娘」似的，非得一下飛機就「衝衝衝」，衝去橫濱會場，那也太累了吧！而且也還沒到人家展覽期間啊！

旅行社到底是有經驗的，為我們安排的行程，於是就先來個風塵僕僕後的大解放，那就是美食加泡湯。

出了成田機場，我們立刻馬不停蹄地搭乘接送的遊覽車，向著行程的第一站「小田原溫泉」前進了。

我們走著國道，從東京邊緣經過，第一夫人導遊非常敬業，沿途說解，姊妹們或是興奮著首度出國門，或是商討著第三、四天的參觀行程，而我則懊悔著沒帶著錄音筆，要不就能將吳淑ㄓㄣ專業導覽錄下來，日後再細細回味。

出國旅遊的地點如果是東瀛，少不得有美食泡湯的安排。即使是自由行，只要踏上日本國土，似乎和泡湯就解不下緣了。

然而，在日本泡湯和在台灣泡湯，很大的差異在於日本是「裸湯」，台灣是「粽子湯」（穿著泳裝戴著泳帽）；一種是走拘謹風，另一種是崇尚自然風。許多初到日本觀光的國人（尤其女性朋友），不習慣在人前裸身露體，總會遮遮掩掩，彆扭難安。

1. 天然拼布小田原

在成田機場外上了遊覽車後，就一路奔馳著，天色也在輪下揚起的灰煙中，一寸寸暗沉下來。導遊吳小姐從上了車便敬業地介紹沿途風光與歷史，我也忙著隨她的介紹而左右瀏覽，窗外的景物因為車速而飛快在我眼前跳躍，還真是過眼便成雲煙呢。

出了市區，郊區的氣息漸漸濃郁，我看著手上的旅程表，「小田原」三個字映入我眼底，我想著「小田原」這處該是有田地有原野的風光，不禁因為這地名而陶然自醉了。

車抵這夜我們將住宿的希爾頓飯店時，夜幕已將整個小田原完全籠罩，不留一絲一毫的空隙。此時秋日習習涼風迎面吹來，只比涼意多了點的寒，輕觸著臉頰，讓人感覺涼絲絲，也就更愛她三分了。

這樣的小田原宛如嫻靜仕女，不言不語，只以她靈妙的眼凝視著旅人。她可是看出遊人對她的喜愛？她可是看出遊人徜徉其中的安適？

來到此地，不忍破壞這份寧靜。靜謐的山坡自是別有一番情味，若非夜已張了黑幕，若非人生地不熟，若非美食溫泉等著我們享用，還真該投入小田原的懷抱，聽她低語；也該在夜風中漫步，與滿天星斗共話呢！

小田原希爾頓飯店

聽說小田原是好幾條交通路線的樞紐，也是富士箱根伊豆公園的門戶，然而我們來到的時間已晚，無緣和小田原的熱鬧相會。但即便是只見到淳雅的小田原，也已夠讓人戀戀不捨了，那就完全沉浸她雅致安靜的風情吧。

晚餐是飯店豐盛的自助餐飲，螞蟻拼布社的姊妹們盡情享受，雞尾酒也罷，日式料理也罷，西式佳餚也罷，甜點水果也罷，在在都具有特別風味。

「誰要來杯餐前酒？」

「……」

想喝的人忙舉手，不喝酒的人各自端菜去了。

「欸，那個炸蝦好吃喔！人家日本人炸的就是不一樣。」

「真的？我也去炸一條來吃吃看。」

「我也去。」

「他們的德國豬腳烤得皮真酥呢！」

「德國豬腳在哪裡？」漏了這一道美食怎可以？趕快找去。

「那個慕思蛋糕口味真棒。」

「已經吃到甜點啦？」

「真好吃，妳吃一口看看？」

「……」

各式美食佳餚一入喉，就是紳士淑女也難罷手喔。

希爾頓飯店因是第一晚下榻處，晚餐後再也沒有行程要趕，在悠哉悠

小田原城址公園花圃

小田原一池清淺

哉享用美食後，再好整以暇地聊聊天，好等著胃腸消化後要去泡湯。

在來小田原的路途上，導遊吳小姐就已提過「一湯三泡」之說，亦即熱呼呼的溫泉值得一泡再泡。吳小姐建議可在晚餐前從容第一泡，好讓一天旅途勞頓的疲憊散去；餐後臨睡前再泡一次溫泉，溫熱身子有助睡眠；隔天清晨起個早，用餐前再去泡一次，讓自己舒服也值回票價。

想來有經驗且懂得享受人生的人，多是這般善待自己的。若不是來時已晚，已屆臨用餐時間，沒得在晚餐前有充裕時間可資利用，否則依我家二姊「泡湯成癡」的個性，那第一泡湯怎可能錯過？

既然無緣三泡，至少也要兩泡，可千萬不能千里迢迢來到溫泉鄉，卻連「濕個身」都沒有，那就太對不起自己了，也便宜了溫泉。

這次旅途首站的小田原溫泉，不例外，走的依然是大和民族傳統裸湯風。許多螞蟻姊妹一聽到「裸」字，紛紛用手掩著嘴，竊竊笑著。

「唉喲，要脫光光喔？」

「不能穿泳衣嗎？我有帶呢！」

「帶泳裝幹麼？不能穿的。」

「……」

「走吧，一起去泡湯。」

「呃……」

「好湯不泡可惜。」

「不……」

「不會怎樣啦，人家日本女人都自然得很。」

「那是日本女人，我們又不是日本人。」

「不是日本人又怎樣，反正都是女人，一起去泡嘛。」

臨水自照乎？

「不不……」

只見搖頭如搧風，不肯泡湯的人居然占多數，可惜啊可惜！

任憑導遊小姐和我三姊妹諄諄善誘，告之日本人根本視泡裸湯為自然，來去間彷若無人，人家才不會有閒情閒時盯著旁人看。再說也沒什麼好看的，每個人有的都一樣，不會有什麼特別與眾不同的。同時若一逕盯著人看，那是很不禮貌的舉措。

可嘆的是，即便是我等四人說得口沫橫飛，台灣人拘謹保守的本性，很難做太大的突破，尤其是第一次面對裸湯的姊妹，結果竟然是因為羞於和識與不識者袒裎相見，晚餐後大伙兒便溜光光了。

由此可知，小田原的這晚，泡湯是「稀微」的。但即便是全團螞蟻都不下水，我姊妹三人也還是要去湯池過水泡泡。

餐後我們回到房裡換上飯店準備的日式袍子，搭了電梯就要快樂泡湯去，中間不做停留的直往湯屋所在的三樓去也。

日本的湯屋，在剛進去的地方都設計成更衣室，更衣室裡有幾排架子，架子上排滿籃子，那籃子便是要讓泡湯客放置脫下的衣物和個人物品，泡過湯再回來此地穿上衣袍。

更衣後進了湯屋，一定要先在湯屋一側的淨身區淨身，然後再下湯池浸泡，這是個人該維持的基本衛生措施，也是一種對他人的禮貌，否則湯池便會變成「五味雜陳」的「污水池」，那就失去泡湯的樂趣與功效了。

偌大的湯屋裡各式湯池都有，除了室內湯池，還有能夠仰望星空的室外湯呢！這一夜住宿的希爾頓飯店位於半山間，擁有大自然風景，可以想見的，「湯」也是不錯的。已是「泡湯老鳥」的我，室內的每一湯池都泡過癮後，還「征戰」到室外湯池呢。

溫泉鄉的室外湯池竟是乏人問津，這真是得天眷顧，唯我姊妹三人可大刺刺攤在池裡。裸在池外的肩膀與脖頸略感寒冷，但浸泡池內的身軀卻是溫熱無比，兩極的感受真是美妙。更美的是仰望滿天星斗，在唧唧蟲鳴間，在微寒空氣裡（攝氏十度左右），在熱氣蒸騰的溫泉中，遐想自己成了出塵仙子，早已洗淨一身塵泥了。

2. 好湯，一湯三泡

泡過溫泉後一夜好眠，第二天清晨我家二姊扮演了早起的小鳥，她不是要吃蟲，而是念念不忘昨晚泡的好湯。其實二姊昨晚除了泡湯享受水的SPA外，她還大大的犒賞自己，請個日籍按摩師給她抓個龍「馬殺雞」一番，才睡上一覺，她就又想起泡湯按摩的好。於是啊，二姊硬是將我和大姊從溫暖的被窩裡拉起來，說是沒有做到「一湯三泡」，至少也要兩泡才不虛此行。

「起來，起來，麥閣睏啊，人家昨天導遊有說喔，要三泡呢，我們沒泡它三次，也要泡兩次。」

「好啦，妳去泡就好，我還要睡。」大姊眼皮連睜開都沒，翻個身把被子再往上拉些。

二姊看此情形，一次要劏起兩個得費上一番工夫，乾脆她就來個各個擊破，先中靶的當然是最小一隻的我，「起來，妳先起來。」

回過頭她再「唰」的一聲拉開窗簾，陽光瞬間跳了進來，房裡立時大亮。赫，算她聰明，懂得來這招「借力使力」。

「窗簾拉上啦！」蒙著被的大姊說。

「就是要叫妳起來，一趟路來到這裡還不泡湯，浪費！」

「……」

「走啦，去泡湯了。」

「吼，要泡就妳自己去泡就好，還……」

「他們這個湯還不錯，趕快起來走啦……」

「好了啦，別再唸了，去泡就是了。」

「真是的……」

就這樣我姊妹三人帶著惺忪睡眼，出了房門又往三樓浴場去泡了一泡熱湯。

說實話，好湯真的值得泡，活絡了身子骨之後，第二天的行程也就精神十足了。

早餐大伙兒在餐廳裡見了面，每遇一個螞蟻姊妹我們姊妹便問：

「昨天晚上有沒有去泡湯？」

「……」

得到的不是搖頭，就是竊笑裡帶著羞澀，從眼睛流露的神情裡，從搖晃的腦袋中，也就明白好湯還是沒幾人享用。

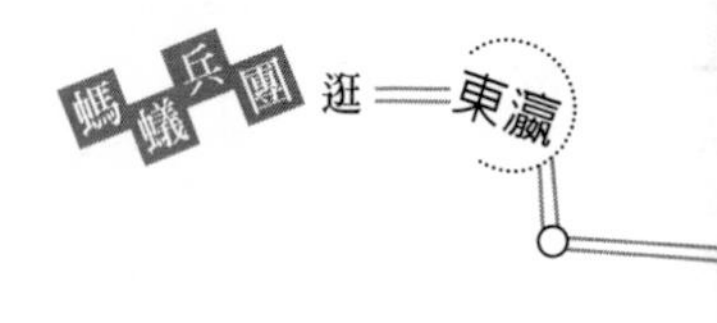

因為華人的民族特質，因為保守的認知與態度，讓小田原的溫泉空自對壁，真覺無限可惜啊！

問到後來，才知另有一對姊妹，前一晚直到夜深人靜，確定湯池沒有「閒雜人等」的，她們才相偕悄悄去到湯池，默默跳進泡泡陽春湯。不過，這好歹也算是來場她們個人的人生裸湯初體驗，既有這跨出的第一步，往後便能坦然自若了。

她們這種心情我能體會，我之所以這時能夠坦然於裸裎泡湯，其實也是一回生二回熟，累積了多次忸怩經驗後，才漸漸練就出這一番「勇於示人」的功夫。

事實上，我的裸湯初體驗，比之螞蟻姊妹們的羞怯，是有過之而無不及。那回我們還是專程只為泡湯而去鬼怒川溫泉勝地，不像小田原這夜，湯是附在住宿之下的服務項目。說來真是可笑，那回一路迢迢專程去，卻是花了錢含更衣泡湯我只用去二十分鐘，才沾那麼一下下就起鍋，後來回頭再想，簡直是砸錢燙雞毛嘛。

這糗事發生在十幾年前首度赴日自由行，其中一日姊妹三人（二姊採購去了）外加我家的酷爸三長爺，憑著僅會的日語，選定了「鬼怒川」，買了車票，帶著滿滿期待的心情就準備泡湯去。當是時完全沒有「泡湯概念」，以為是家裡浴缸般的泡泡就是了，哪裡知道完全不是這麼一回事。

當我等四人在溫泉旅店櫃台前，又是日語又是英文交涉了半天才恍然大悟，原來泡湯是得眾人一起光溜溜的泡，這下子可苦了我姊妹三人。我家那個爺兒可能是服役時免了疫，日籍服務人員才解說完畢，他老兄捧著旅店提供的大小浴巾，以最快的速度消失在印著「男湯」兩字的布簾後了。而我等三位姊妹則是怯生生賊似的閃進「女湯」，接著三人杵在更衣室前，不知如何是好。

「？」

「……」

後來還是大姊開口說，「既來之則安之，就進去泡了吧。」

「呃？一定要脫光光啊？」三姊和我都面有難色。

「嗯啊，妳看人家日本人都很自在，還光著身子走來走去，我們已經付錢了，不泡可惜啊！」

是啊，已經付了錢買了兩小時，怎麼辦？再這樣走出去嗎？飯店的服務人員會怎麼看我們？瘋子？傻子？

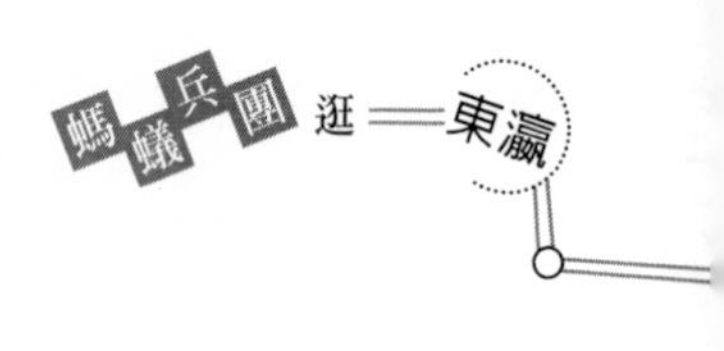

「一定得泡嗎？能不能再去櫃台取消？」沒用的我這麼說。

「剛剛交涉了半天，櫃台才弄清楚我們是要泡湯，現在要去取消，妳看還要解釋多久？而且妳家三長爺已經進去泡湯了，誰幫我們說啊？」大姊說得也有理，「反正來了就泡嘛！」

大姊率先解下衣物淨身後入池泡湯，我和三姊向來保守，還得東張西望，確定更衣室裡完全沒了日本女人的影子，趕緊以迅雷不及掩耳的速度脫光各自身上衣服，再拿著小毛巾遮遮掩掩的閃到淨身區，胡亂洗洗沖沖後，又胡亂跳進一池，縮在角落心裡暗暗數著數兒。哎呀，時間怎麼過得這麼慢？那些毫不在意的日本女人怎麼還不走？我可是想要起來了呀！

好不容易尋個空隙，趕快起身離開水池，遮掩著又回到更衣室。我呀，總共只浸了一池，而且也沒留意那池是什麼作用。

一進更衣室，媽呀！日本婆娘，不論幼齒資深，人人神色自若，又是吹髮梳頭，又是擦拭穿衣，哪怕那一身山峰窪地都被一覽無遺，她們也不慌張不忸怩。喔，這教我如何是好？忙不迭大毛巾裹緊身體，嘿嘿，這樣就不會被人看到了。然後以最快作戰速度穿上衣服，也顧不得衣服是不是拉整齊平，只想趕快逃出那個可怕的「洩秘」地區。

掀起女湯的簾幕回到休息區，坐到沙發上時，一顆心還怦怦跳得厲害，低頭看了錶，什麼？總共才用去不到二十分鐘，我到底是來做什麼的？

接著三姊大姊也陸續出來，我們三人坐在沙發上喝著水等著我家那個男丁，好半天他老兄才心滿意足姍姍出來。三長爺見我們三人等得一臉倦容，他是一臉不解，再一聽我敘述經過，他老兄直說：「妳們真不知享受呢，那麼多池，每池特色不同，我每池都泡個十五分鐘，泡得真過癮，像妳們這樣很不划算呢。」

說的也是，我們既是專程到名泉鬼怒川去，兩小時也所費不少，竟是比在家泡澡更迅速，啥感覺都沒體會到，甚至連湯是熱的冷的也都搞不清楚。總之，就是一個印象，不自在不習慣要趕快閃人。

不過，也由於有鬼怒川的震撼教育，爾後一路累積了多次泡湯經驗後，早已見怪不怪，也練就了一身「憨膽」，更是不再畏懼與泡湯客裸裎相見了。

現在，台灣某些溫泉湯村基於泉質溫度，也規劃裸體泡湯的湯池，我沒去日本，也敢裸著泡湯喔。

（四）陽春召我以煙景

我們所身處的這個世界，乃是自洪荒以來慢慢形成有山有水的自然風光，而這些自然景色，無論是風是雲是樹是花，都是一幅幅美麗的圖畫，只要有空閒有心情，相信多數人都是喜歡陶然在大自然的景致中。

李白在「春夜宴桃李園序」中寫著「夫天地者，萬物之逆旅。光陰者，百代之過客。而浮生若夢，為歡幾何？古人秉燭夜遊，良有以也。況陽春召我以煙景，大塊假我以文章。會桃李之芳園，序天倫之樂事……」

自然風光以其緯度不同、地形不同，而以各種不同風貌呈現。同時又因四時遞嬗，春夏秋冬的風光便各具特色了。然而不論是一年當中的哪一個季節，只要心情愉悅，看山看水看花看樹，也都各有不同領會。

這天地是自然界中所有動植物的旅店，我們生活在這之中，在盡情享受之餘，環境的保護是不容忽視的。如何讓青山常在、綠水常流，在二十一世紀的現代，已不是特定哪一個國家、哪一個種族要面對的，而是全地球上，共同消耗自然資源的人類都應該要付出心力。

欣賞自然風光的同時，如何不「留下痕跡」，是亟待所有遊人深思。無論是過於高昂的聲量，過度製造的垃圾，按捺不住想抓住什麼、或留下什麼的舉動，在在都需要個人修持為後頓，以心以眼瀏覽美麗風光，才是最上乘的遊客。

我們這一團，有別於一般購物觀光團，螞蟻嬌娃們出訪是觀摩是激盪，所以大家在欣賞景物的同時，多數是在構思下一幅作品如何呈現，那麼無論賞花賞樹賞湖光賞神社，喧譁吵鬧的情況絕對不得見，爭購紀念品的場景也完全沒有，達到真正寓情於景了。

1. 齊步走，朝聖大涌谷

在小田原溫泉鄉度過一宿，除了享受美食外，溫泉好湯也讓一覺醒來的身軀無比爽朗。再放眼窗外，啊，這是個美麗的早晨。老天真是作美唷，讓我們帶著最美好的心情，在晴朗的天氣，可以好好欣賞東瀛景致。

愉快地用過早餐後，趁著出發前往下個景點的空檔，螞蟻姊妹們三三兩兩在旅店外的花園走走逛逛，順便再拍下幾幀到此一遊的照片，回台灣後，也才好向人展示在小田原的享受。

「來來，這裡、這裡，幫我拍一張嘛。」

「我也要、我也要。」

「換個景嘛，不然每個人背景都一樣。」

「對啦，來這裡，這裡也不錯。」

「要不要一起拍一張？」

「好啊。」

「要拍的一起來喔。」

大涌谷火山蒸氣

昨日來時天已昏暗，小田原以仕女的雅靜姿態迎接我們，靜謐是她的原色。經過一夜好眠，即便此刻是清朗早晨，小田原仍不改雍容華貴的大家風範，仍然是恬恬靜靜。我真喜歡希爾頓飯店不雜人聲的花園，在這樣的地方停留再久，也不會讓人心生厭煩。

只是因為旅遊日數有限，而且早已排定行程，就算我再喜歡小田原，也還是得依依向它道再見。上了日籍司機駕駛的遊覽車之後，我們將「馬不停蹄」的進行螞蟻拼布社東瀛遊的第二天行程了。

「今天要去哪裡？」有人發聲問道。

「偌，大涌（ㄩㄥˇ）谷。」另個人示出旅行社給的行程表，上頭列得清清楚楚的。

「大『桶』谷？這是啥『桶』啊？」還故意發錯音。

啥『桶』？是「ㄩㄥˇ」。

大概是除了帶團經驗豐富的導遊吳小姐，或者曾經旅遊過此地的人，否則團裡大多數都不知道這「大涌谷」到底是什麼樣的所在？

是什麼樣的地方又怎樣？反正已在前往的路途上了，到達後不就能一目瞭然了，此刻就靜聽導遊小姐的介紹吧。

克盡職責的導遊，沿途為我們詳細介紹即將去到的大涌谷風光，同時也提醒我們步行時該遵循指定方向，千萬要留意腳下，並注意安全。

導遊說大涌谷是箱根最著名的旅遊景點。

箱根一地向來都是綠樹環抱，唯獨大涌谷這一處與眾不同，風光與其他地方大異其趣。

大涌谷究竟如何的與眾不同？在聽著吳小姐解說時還無法感受，直到臨近該地時才真正有心領神會的感受。

大涌谷遍地山岩裸露，岩縫之間不間斷地噴出地熱，使得整個大涌谷因為持續冒出的蒸氣，而致當地上空都是一片霧氣蒸騰。遊客不論是身歷其境，或是遠遠眺望，都會為那壯觀景色而嘖嘖稱奇。大涌谷之所以終年輕煙繚繞，蔚為奇觀，則是因它為一個古老的火山口。

根據資料顯示，約在四千年前，箱根火山活動的末期，神山的北山腹發生火山大噴岩，也就是現在大涌谷火山口遺蹟。日本人對大自然暗藏的龐大威力，始終懷有一份戒慎恐懼之心，因此將此處火山口稱做「大地獄」。截至目前，大涌谷每天仍然不止息地，由地下噴出大量蒸氣和火山瓦斯。

但也因為大涌谷的特殊景觀，而使得此地遊客長年不斷，包含日本本地居民及國外來此觀光的遊客，總是將步道擠得水洩不通。由箱根大涌谷停車場至閻魔台，是一條全長六百七十公尺的旅遊步道，我們走在其間，就與許多日籍人士與來自中國大陸的觀光人士擦身而過。也因為人多壅塞腳步自然放緩，本來只需大約30分鐘便能走完的路程，因此而拉長了時間，再因走走停停、停停看看，也就更多耗費一些時間了。

大涌谷步道旁

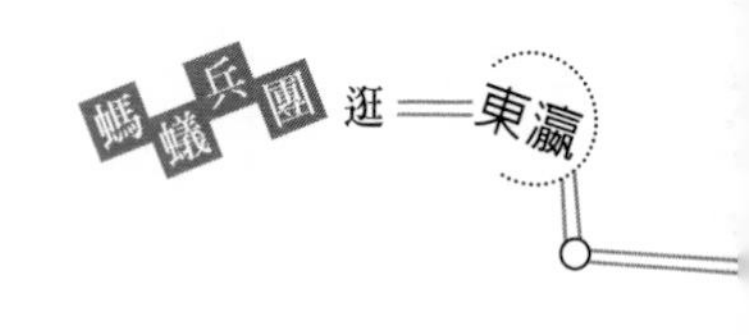

當自己身處迷漫著硫黃氣味的大涌谷，感覺很是奇特，對那不停上飄的白色濃煙，雖是有著乍開眼界的悸動，但同時也存有火山仍在活動的隱憂，大約是對火山再度噴發的恐懼潛藏心中吧。

一般溫泉區，都有溫泉煮蛋，經由溫泉煮出來的蛋常彷似純潔無瑕的寶玉一般，所以日人總稱溫泉煮蛋為「玉子」。可是來到別名「大地獄」的大涌谷，登上山頂後，見到的溫泉煮蛋，卻因為是使用此地火山溫泉水煮，而有了異於一般溫泉蛋的外

大涌谷遊人如織

表，黝黑的外殼是別具特色的「黑雞蛋」，而這黑雞蛋還有個別致名稱叫「黑玉子」呢！

許多人因為來此一遊，少不得要買幾個品嚐一下，據說吃了還可延年益壽，可能也是為了這因素，有些遊客除了當場食用，還會多買一些好帶回去添福添壽。我這人一來沒有嚐試旅遊地特產的習慣，二來看到那雞蛋的漆黑外在，就算它有個「黑玉子」的雅名，也還是要敬謝不敏的。

「妳要買嗎？」二姊以為看著黑玉子的我是想買它。

「呃？沒沒……」我只是多看幾眼它的黑，我可是對它一點興趣也沒啃！

「沒要買就別看那麼久，走了吧！」

嘿，是誰說沒要買就不能多看它幾眼？

不過，在此地停留的時間也不多，是該走了，可是還有多人忙著取景拍照呢。

來到這處國內見不到的景觀，面對大涌谷火山煙塵的磅礡氣勢，螞蟻嬌娃們個個在嘖嘖稱奇的欣賞之餘，還認真觀察如何將這美麗景色取景記在腦中、拍進相機。我想她們大概是除了為到此一遊做紀念外，或許還想日後要在個人拼布作品中呈現出來吧！

2. 海盜船，搶看蘆之湖

箱根美景多，能玩的地方不少。旅程第二天上午遊過大涌谷，本來午餐是選定在大涌谷，後來臨時做了更動，改到近湖區的餐廳用餐。因此，午餐過後，我們還在餐廳外稍微遊逛，不但賞了還紅著身影的楓，也在近湖處留影做紀念。

即便是因為時間不特別充裕，不能久留，我們依然在紅楓下撿拾一些趣味。其實是導遊一再提醒，不能攀折枝頭楓葉，說是日本人很保護每個遊人欣賞的權益。目的是希望大家都能做到自我克制，賞楓是欣賞楓葉的美，而不是要擁有美麗的楓葉。國人多數喜愛摘下花葉「帶回家做紀念」，可這種行為還真的只是滿足一己之心，實在也有必要重做修正。但那紅楓真是招惹人哪，但我們又要做個守份際有品德的台灣子民，該怎麼辦呢？不知是誰想出這個權變方法，只見眾人紛紛蹲下撿拾滿地紅葉了。

「好了，該出發了，要去碼頭坐海盜船了。」

導遊適時喊出集合令，也幸好待在此地的時間不長，要不還真會幫人撿得乾淨呢。

蘆之湖與大涌谷同中有異，但二者相異之中也有雷同處。相異的是蘆之湖是一座湖，而大涌谷則是丘陵山谷的地形；至於兩地相同的部分則是，都與火山活動脫不了關係。

要快樂出航囉

大涌谷是截至目前為止仍在活動中的火山，而蘆之湖則是40萬年前火山爆發後所形成的湖，一樣是火山相關的自然現象，可是兩者所呈現的景觀卻是如此的大不相同。想想，真是神奇，造物主那一雙捏塑大自然的手真是巧妙啊。

由收集到的資料顯示，蘆之湖環湖一周大約18公里，整座湖的面積約六點八平方公里，湖水最深處的深度超過40公尺。湖裡棲息的魚類有鯽魚、鯉魚、虹鱒魚等多種淡水魚類，這些魚是可以讓遊人垂釣的。

蘆之湖周圍綠樹茂密，湖景秀麗，向遠可眺望富士山，而在湖面上可見到林木

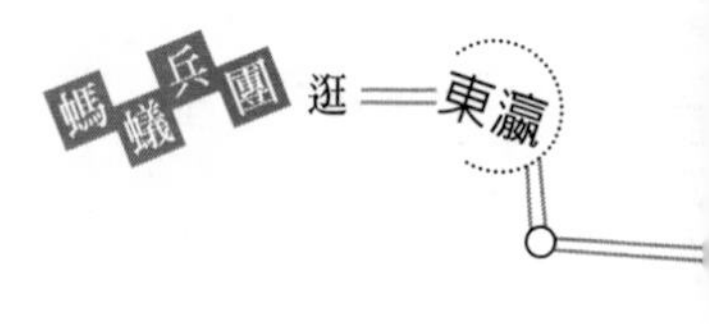

倒影，以及富士山美麗的山姿，在在令人難以忘懷。在台灣也有美麗的湖，湖上也有船隻可搭乘，不過來到箱根，早就被海盜遊覽船吸引了。箱根蘆之湖遊覽船的營運，有固定船班，船艙也有頭等二等之分，旅行社為我們安排的便是搭乘外觀形似海盜船的「箱根觀光船」遊湖，從船上欣賞湖景，也欣賞遠處富士山的景色，果然迷人。

事實上這是我第二次搭乘海盜船，距離第一次搭船經驗已有十幾年歷史了。

「那一年我們來日本玩，只有我和大姊、三姊有來坐海盜船。」我對二姊這樣說。

「我沒有跟妳們來嗎？」

「妳去辦事，妳忘記了？」

「喔，對喔。不過，現在也一起坐了啊！」

第一回搭乘海盜船是我姊妹與三長爺同遊東瀛那回，不過那次因三長爺去了秋葉原電子商場，二姊則是洽商去了，所以只有我與大姊、三姊三人同遊箱根富士山。

三姊是我家最童心未泯的人，遠遠看到海盜船泊靠岸邊，她早已雀躍如孩童。購了票才上了海盜船的甲板，她就直嚷著要拍照，從船首照到船尾，海盜船身影全入了鏡頭，三姊仍然意猶未盡，說是站在甲板照的是海盜船的外部，船艙裡的情形也不能遺漏啊，於是

再拍幾張海盜船內部囉。可別以為這樣我那三姊就大大滿足了，其實不然，她還不放過船隻行進時，從船艙向外拍照的機會呢，所有她想到該拍也可以拍的景物，又真的有讓她拍到，她這才甘心坐下來好好欣賞蘆之湖的風光。

不過這一折騰，船也已行進多時，拍了照的同時，是不是也錯過了哪一處美景？

十七年前的記憶，還多虧有三姊當年拍下的多幀照片可供回味，要不，還真容易就遺忘了這美麗的湖景，以及搭乘沒有海盜的海盜船，和後來實地去到山頂終年雪白的富士山呢。那年我們去時富士山剛下過雪，雪地裡三個姊妹留了影，怕冷的我裹了一身衣物，萬一摔倒雪地，大概是起不來了。

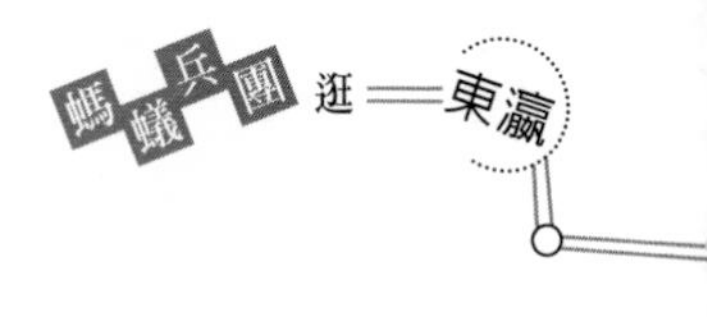

這回是跟著螞蟻拼布社前來，富士山的風光只能從海盜船遠眺，而且我姊妹四人中唯有三姊未能隨行，又成了另一種組合，當然也就能夠靜心瀏覽船艙外的水光山色。不過二姊這號人物對於照相這事也頗熱衷，欣賞風光的順序依然落在拍照之後了。

會吸引許多遊客船首船尾取景拍照，恐怕和造型特殊的海盜船脫離不了關係，大家都想把船的樣式留在記憶裡。這麼美麗的湖景，搭配上粗獷海盜船，不知經營者是如何想法？這念頭在我腦中一閃即逝，我何需費神想這些，專注欣賞風景便是了，反正搭了海盜船，也不會就此成了海盜，怕什麼？

（五）大塊假我以文章

生活在地球上，我們何其幸運，除了四時各異，也總有各種不同景致可供欣賞。

即便地球上陸地與海洋的比例是29:71，泱泱水域圍繞著我們生活的陸地，但我們仍然在這百分之二十九的陸地上，看到許多讓人驚豔的風景。

城牆一隅

至於驚豔的風景如何界定，這其實是見仁見智的。無論是渾然天成的風光，或巧奪天工的人為塑造，在在都能有該景色所呈現的美麗。渾然天成的景致是大地為我們鋪陳的美麗事物，不假人手，洪荒闢地以來便自然存在。這樣鬼斧神功的天然美景，放眼地球比比皆是，也總是吸引人們的目光。除此之外，人們為了讓某處更具特色，或者因時因事因風俗因政策，而在一特別規範的區域內蒔花植樹，以及興建別有旨趣建築物，這也能自成一種吸引人的景觀，而且往往也不輸給自然形成的風光，當然也是會讓遊人驚豔的。

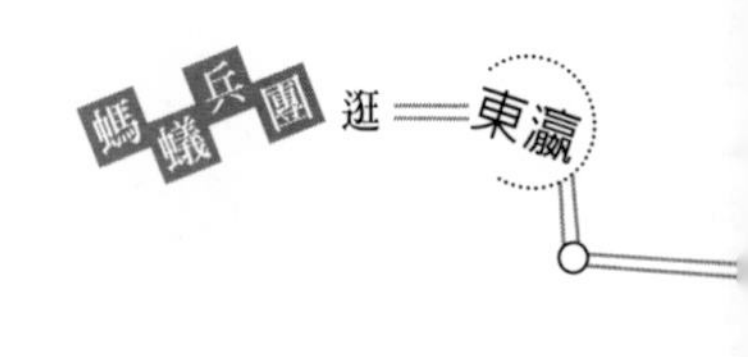

自來藝術工作者的創作靈感，多數是從自然景物所獲取。若是繪畫作品，不論是水彩、鉛筆素描、油畫等，所呈現出的風景質地各有其妙；倘若是以文學創作呈現，則詩與散文、小說的表達，又是各領風騷了，但不論是以怎樣的狀態呈現，我們總能由浸淫其中慢慢欣賞。

此番隨著螞蟻拼布社遊了東瀛，我的眼又多開了一點縫，原來除了畫筆，除了書寫，能夠留住美麗風光，現在還可以用針線將那份自然之美拼縫起來呢。

1. 神社、遺跡、古道都可入畫

對於從事藝術創作的人士而言，任何一處旁人看來不起眼的景物，都可以是創作者的創作素材，繪畫如此，文學作品如此，音樂創作如此，拼縫的藝術也能是如此。

過去台灣拼布藝術的呈現，幾乎都是沿襲自日本的精緻路線，所製作的成品也大多是人偶、手提包、椅墊、背心、被單等。當多數熱愛拼布的女性朋友，都製作同系列的作品時，趣味似乎便少了一些。

螞蟻拼布社的林幸珍老師很早就做了不一樣的轉換，老師置放許多精神在設計開闊自然風光的拼布藝術，同時落實在她的拼布教學上，教導學員製作大幅拼布壁飾，有時更是

箱根神社

學員們共同完成一幅，這在構思上、設計上，都要有獨到且敏銳的感受力，才能在完成的作品中看到和諧。

閉門是無法造車的，林老師特殊自然風的拼布演譯，自然是要經常與郊野相容，所以看山看水看花看樹，也就成了她們在室內拼縫拼布之前的功課了。

我曾經跟隨螞蟻拼布社去戶外教學，林老師在山區健行中，隨時尋到一棵樹、一朵花，就能立即講解，有關如何觀察光線的投射，如何觀察不同樹種的紋路與枝葉，又是如何在畫本上草繪構圖。

果然是行家一出手，就知有沒有。人家林老師早解說過又幾筆便畫好草圖，替

箱根神社歷史

大姊做筆記的我，畫本上仍是素面，那幾筆在我看來可不簡單，我鉛鎚重的手畫不來呀！

此番走在箱根神社，林老師依然把握機會將她個人的觀察，經由口說傳遞給螞蟻姊妹們，而這群比一般人多一些對拼布藝術熱愛的螞蟻姊妹們，無不專注投入的吸收老師的創意指導。我也跟著看跟著聽，但駑鈍的我，還真是無法心領神會如其他螞蟻姊妹們般的點頭如搗蒜啊！

既然是來到神社，自然是要以虔誠之心來看待，日本人不像台灣人每到寺廟必燒香，彷彿沒有裊裊香煙，神明就看不清要庇佑哪個信眾。但是到底日本人怎樣膜拜神祇，其實我也不清楚，反正跟著人依樣畫葫蘆，往許願池裡就投下硬幣，接著擊掌合十膜拜就是了。

「欸，妳這樣錯了。」

「呃？不是丟下銅板，雙手合十拍手膜拜？」

「好像要先拍手拜拜，再丟錢。」

「嗄，是這樣喔，為什麼要先拍掌再投錢？」

「我也不知道。」

「那……怎麼辦？再來一次好了。」

「沒有人再來一遍的啦。」

「嗄？那怎麼辦？」

先做哪個動作，有差那麼多嗎？神明會因先後順序錯了就不保佑信眾嗎？而我是外來客好玩拜拜而已，有影響嗎？

箱根神社階梯

「算了，反正我又不是日本人。」

我的話日本的神應該有聽見，祂也一定會原諒我對日本人膜拜方式的不瞭解。

其實二姊說我順序弄錯了，問她哪裡錯，二姊也只是說個好像，真正的所以然她也說不出來。反正做都做錯了，又能怎麼辦，就自我安慰一番，心誠最要緊，神社裡的神看我連懺悔都誠懇，絕對不忍心責怪我這個外來觀光客對禮拜祂的生疏。

即便是從所獲悉的資料中知道，這個具有歷史性的箱根神社建於西元七五七年，神社大部份以朱紅油漆展現，正殿神社週遭都是古老巨杉圍繞，說是寶殿中展覽著許多貴重的文物資料，供奉的則是世世代代的武將，但我也還是搞不清楚這武將到底是哪些武將，那些貴重文物又是哪些。

算了，反正我只是來此地觀光，又不是來探源神社的歷史，那就用心瀏覽風光才是要緊。

箱根神社步道兩側屹立著枝葉繁茂的古杉，朱紅色的神殿是日式建築造形，因那樣式因那顏色而使神社遠遠的便奪人眼目。沿著元箱根的散步步道到恩賜箱根公園入口的舊街道，是一條長大約有五百公尺的杉樹林步道。傳說此處有四百二十多棵參天的古杉樹，是在西元一六一八年栽種的，樹齡將近四百年的參天古杉，至今仍然離離蔚蔚，十分蓊鬱，為箱根舊街道帶來靜謐的環境，且高大的杉樹在夏季時能為過往行人遮陽，冬季則為其抵擋刺骨寒風。此外遊人在古杉森林間悠閒漫步時，也可感受舊街道的歷史氣息，從而濃郁的思古幽情便油然而生了。

箱根神社之後我們接續參觀關所遺跡，這座自西元一六一九年便保存到現在的遺跡，是當年德川將軍在東海道的箱根通道上檢查來往路人的關卡，在參觀過程中，可見到建築物裡擺設有蠟人，模擬古代此地盤查過往行人的狀況，展覽的部分也有當時的旅遊工具、地圖等資料。

螞蟻姊妹們對於每一個參觀地點都仔細觀看，想必經這一番遊覽，古道、老杉、神社、遺跡，都可以是構思東洋風景拼布作的依憑了。

2. 杉林、花朵、鳥兒縫進拼布

從小畫畫，或者欣賞展覽的畫作，廣漠森林、花卉小鳥等，常是畫裡的景物。而我自己打練習創作開始，花草樹木、蟲魚鳥獸，不定時會出現在作品裡，總覺得在文字世界中觀賞靜態自然風光，或是鳥獸的動態生活，是一件極其自然的事。一如在繪畫作品中，觀賞各式各樣自然景物，與雀鳥鶯燕的飛舞一般。

幽深步道

倘使你告訴我，在拼布作品中也能做這樣的拼縫，我必會大大的吃上一驚，因我從來不曾將自然風光與拼布聯結在一起。尤其自來看著大姊縫製拼布，也都一直是精緻的壁飾、娃娃、包包、衣服等，我已經被既有的風格給框架了。

直到從大姊處知道螞蟻拼布社的拼布風，與一般日式精緻風格大異其趣，主要就是因指導老師林幸珍的創意發想，轉而將作風導向趨近自然原野路線，自此不論是湖海山河、花鳥蟲魚，都可以經過構思設計縫成拼布作品，而且還不會讓原物件走味喔。

因為林老師如此的變革，螞蟻拼布社因而不定時會有戶外教學，讓社員們經由親身經歷去感受去模擬，好慢慢能自己構思設計創作。此番飛向東瀛，參觀橫濱的世界拼布展覽固然是第一要項，但其他行程中的山光水色，也是不容忽視的創意來源。所以在參拜神社時，在古樹林間漫步時，林老師仍是把握每一個說解契機，指著一棵老樹，分析其成長角度，樹幹紋路，甚或陽光灑落的亮度，以及可以從哪一個角度取材。

「妳們看，這些樹的樹幹……」

當我們在杉樹林步道上走著，林老師不時會指向一棵樹，和學員們分享她的感受，而在這之中，其實也正是教學的進行。

古杉參天

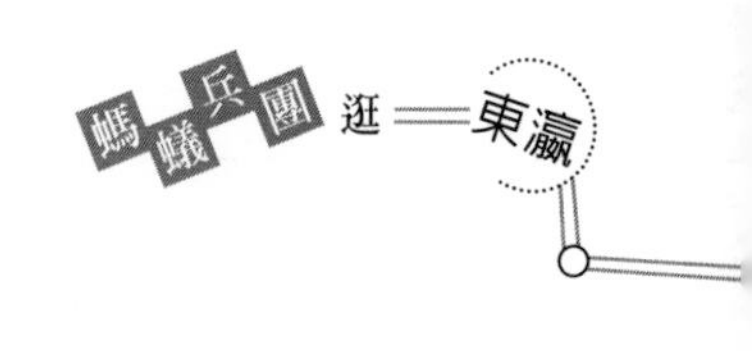

至此見到螞蟻姊妹們個個聚精會神聆聽，並親自由林老師所示的角度去感受，感受老樹的生命力、陽光無私的噴灑，以及樹與樹間、枝與葉間、大地與日照間的和諧之美。

走著走著，步道間不定時會看到不知名的小花，與高聳入雲的大樹相比，小花雖然微不足道，然而小花所展現的卻是另一種含帶韌性的生命，與簡單不華奢的美采，於是姊妹們會盼望與人分享自己的發現。

「欸欸，妳們來看，這花真可愛。」

「這裡也有花呢！」

那時我忘記抬頭向天，空中不知是否正有鳥兒飛越，看到杉樹林裡的這群成人雀喜賞花看樹，可會笑我們癡傻？

林徑步道透著幾許陰涼，主要是因為古杉參天，架起天然一座遮陽棚，只要不是疾行，就不致一身香汗淋漓了。雖然行程安排中停留此地的時間並不多，但那又何妨，且讓我們把腳步輕移慢踱，把清芬的空氣深深吸入，把林蔭下的青綠看盡眼底，把自己放在最愉悅的位階。

我隨在眾人身後，這兒看看，那兒聽聽，時而極目遠望，看這條似是沒有盡頭的杉林步道，我會走到何時？偶爾我又回首來時路徑，那處該不會教我給遺忘了吧？正在步道中段的我，可是鑲嵌畫裡的人像？是我將自己畫進畫裡？還是一場旅遊一幅畫，我自然便在畫中了。

或許旅遊歸來，螞蟻姊妹們每人都會製作一幅或多幅古杉樹林的拼布，當她們把老樹、把小花，再把潔淨的天空縫進拼布時，會不會也在邊緣縫進一個閃爍的人影？而那會不會是我？

「要用一塊塊布料把樹啊、花啊拼縫起來，還要順、不突兀，很不容易呢！」

我懂大姊這麼說的意思，紙上草圖畫的是整顆樹、整枝花，但卻不是用一大幅布料呈現。拼布藝術的美與巧，就是在那一小塊一小塊，不同花色不同形狀的小布塊，所拼縫出來的整體和諧的實像。雖然有不同顏色的布塊，拼布的巧妙便在於，製作完成後，能讓人一眼便瞧出是花或是樹。

那麼，人這個臉部表情反映內心情緒的靈長類動物，拼布將如何呈現？

嗯，這問題就讓螞蟻姊妹們去傷神吧！

（六）逛進橫濱拼布展覽館

倘若不是跟隨姊姊的拼布參訪團，我是絕對不可能自己摸到橫濱展覽大廳，更不可能進去展覽會館欣賞滿館的拼布作品。

橫濱可以視為是東京的衛星城，更可以說是東京的外港，據說全日本最大的中國城就在橫濱，遊罷箱根蘆之湖轉往橫濱那晚，我們這群台灣客便是殺進中國城，光顧的是日本人經營的中國料理店，瀏覽的是日式中國風的各類商店，雖然也真是濃濃的中式味道，但總是沒我們自己本地的道地。

橫濱這個城市真是奇特，城市的一隅盡其所能的妝點中式古典氣息，可在近港臨海區則是在新近幾年開發了「港區未來21」（みなとみらい21），展現的是有別於中國城的華麗與時髦。而這兩大區同時存在橫濱市裡，竟是一點也不衝突。

展覽，不論品項為何，總要有恢宏廣大的會場可供使用，而這當然是捨「港區未來21」其誰？橫濱的展覽大廳便在這未來區裡喔。

橫濱的展覽大廳經常舉辦各類世界性的展覽，世界性的拼布展也不只一次在此地展覽，許多熱愛拼布的朋友，對這項訊息都掌握確實資訊。

橫濱展覽館外

我是因為跟對了內行團體，才有這個機會參觀不曾見過的「世界級」的拼布展覽。同團的螞蟻姊妹們早在出發前都知道，這趟行程知性多於感性，展覽館定點觀摩多於景點遊覽，五天的行程裡，重頭戲便是第三天與第四天的參觀活動，將有兩個白天時間都在橫濱的展覽大廳喔。

而橫濱展覽會館的所在處，正是新近發展出來的MM21（港區未來21），此乃為因應21世紀新世紀新發展特別規劃的新市鎮，規模、便利都是不容小覷。

1. 遇見日本國寶級老師

經過一夜休憩，螞蟻姊妹們最矚目的便是行程裡的第三與第四連續兩天的參觀拼布展覽。

還沒去到展覽會場，任誰都無法想像將會欣賞到什麼樣的作品，也任誰都不能預知將會在會場裡有什麼樣的奇遇，因為這是世界性的展覽，而此地又是日本的橫濱。

參觀首日用罷早餐後，趕在會館開館時間，遊覽車就將我們一行人載至橫濱展覽會館，下車後，即將展開這趟知性之旅的最核心部分——觀賞拼布展覽。

在館外標示展覽期間的看板前，導遊吳小姐將入場券逐一發給每一位團員，並告訴我們該要留意的事項，比如說不能隨意出展覽館，否則將需再購票才能進入，以及展覽單位將於下午幾時閉館，所以最好整個白天都在館內活動，免得無端多花費在入場門票上，也可避免和其他團員分散，因為這日閉館後我們將集體搭乘電車返回磯子的PRINCE HOTEL。

吳小姐唯恐有人因為上了洗手間沒聽見她的說明，忒是盡責的一說再說萬般叮嚀，這時螞蟻姊妹中早已有人等不及要入館參觀了，彷彿少看一分鐘便會損失很多觀賞的契機。說的也是，花大把鈔票，飄洋過海來到橫濱，為的不就是這場國際拼布展？能早一點進去仔細欣賞不是很好？

吳小姐當然也看出眾人躍躍欲動的情緒，也就不讓時間再做無謂的浪費，當下便領我們進入會館，一進會館，我便被那龐大氣勢所震懾。

「噢，那麼大幅！」我望著展覽大廳中間張掛的多幅大面積的拼布嘖嘖稱奇。

「嗯啊，這得縫很久呢！真不容易。」即使已可算是拼布達人的大姊，也真心讚嘆。

展覽會場占地極大，中間部分除了有大幅拼布供參觀群眾欣賞，另外還在這個區域安排了一些座椅供人休憩之用。

我在入場後放眼一望而驚奇，之後便跟隨姊姊步履，逐攤逐家參觀下去。各家攤位各有自己的獨特風格，他們各自也推出一些作品展覽，而這些拼布作品尺寸大小均不一，有些作品除了展覽也將販售，而有些廠家則是提供素材供參觀者選購。

有道是內行看門道，外行看熱鬧。拼布社的螞蟻姊妹們各是以螞蟻步伐緩慢行進，這是因為她們真的仔細觀摩每一件作品，林老師更是就部分作品當場講解，讓社員們瞭解何以創作者會做那樣的縫製。而我這個外行隨團插班生，頂多是看熱鬧，對我而言，滿會場的作品繁多，繽紛色彩目不暇給，那熱鬧滾滾的人潮更是有得看的呢！

我跟著大姊出遊，另外一個重要任務便是，一旦大姊購了物，我是負責暫時提拿保管的人，所以這一攤攤逛著，我手上的重量，也隨時間流逝而增加。

近中午時分，與大姊逛到位在角落一個不大的攤位，攤位主人正埋首努力縫著，大姊記憶力極好，隨即認出牌子上書寫的黑羽志壽子，便是曾應邀至台北教授拼布藝術的日本

與名師合影

國寶級拼布大家。大姊大方上前請教，黑羽老前輩和藹可親、笑容可掬，兩人相談甚歡。之後，大姊請求和大師合影留念，黑羽老師欣然應允，隨在大姊身後的幾個拼布姊妹也就一起和大師合影。

對於日本國寶級拼布家黑羽志壽子來說，拼布已經是她生命的一部分了，大半生沉浸在裁布與針線中，即便是縫到手指受傷，也是忍住疼痛，戴上皮套繼續縫出她的創意。

「妳們看，大師就是這樣，連手指痛都戴著指套縫。」

「對呢，我們做不到這樣的。」

「所以啊，我們成不了大師的。」

「我啊，當興趣縫縫就好，大師讓給妳們了。」

「我們還早呢！」

「可別妄自菲薄啊！」

「呃……」

這幾個和黑羽大師合照的螞蟻姊妹妳一言我一語互相調侃，倒是都謙沖自牧，不敢奢想達到「大師」的那個層級。但是如果有心，鐵杵也能磨成繡花針，成為大師也是可以自期的。

當然能不能成為名家，是有待各位螞蟻姊妹在拼布領域裡再多琢磨練習。只是在東瀛旅途裡能夠在這個場域裡遇見一位知名拼布大家，自然讓人十分興奮。尤其大姊更是喜不自勝，每遇一個沒與黑羽大師閒談拍照的螞蟻姊妹，便要說上一回，當然是喜悅的心情需要有人分享，另一方面則是，優雅可親的名家值得向姊妹們介紹，多親近大師，對於各自在拼布的願景上，可能衍生某種激勵作用。大姊還盡心將黑羽大師的攤位地點指出來，好讓姊妹們各自尋著去領受大師風範。

「在那個角落，攤位不是很大。」

「誰去過？能不能帶我去？」

「去吧、去吧，看看人家大師怎麼縫。」

與石浪前輩合影

「我也要去。」

原先大姊並沒預期會在展覽場中見到黑羽志壽子的拼布作品，當然更沒預想能在會場中與她相見，那份喜悅滿滿填塞大姊心中。

無獨有偶的，經過午餐休憩過後，下午在展覽場的另一區，大姊再度察覺會場中有另一位大師，真是讓她興奮不已啊！

下午相逢的這位拼布大師，是大姊在台北拼布展覽中相識的日本拼布前輩石浪崇子，和藹的石浪前輩有如鄰家長輩般平易近人，與大姊在她攤位中就閒話家常了起來，還頻頻與我這個她從未見過的第三人微笑，真讓人有如沐春風的感覺。

有緣在大師的國度再度相遇，不拍張照片留念怎可以？石浪前輩不嫌我等擾人，除了分別與我姊妹等三人合照，臨別還送我們小禮物呢。

2. 一是初見，一是重逢

「人生不相見，動如參與商」——杜甫詩《贈衛八處士》

我們常會感嘆，和同學或朋友某次分別後，竟是多年不曾再見，宛如天空的星辰，各循軌道生存。同學朋友並非飛渡重洋去到外邦，其實仍同在國內，甚至還同在一個城鎮生活，但就是那麼不能盡如人意，偶爾來個街頭相見。造化也真是弄人，地方不過這麼大，竟是沒那因緣可以再相會。

此種遺憾雖易有，可驚喜也常在生活中突然乍現，帶給人意想不到的歡愉。有幸蒙老天個別眷顧的人，便能得此玄妙機遇。這種出人意料的人生際遇，常是巧妙得讓人驚訝，從沒想到會遇見的人，在完全陌生的地方，竟然就能有殊勝因緣相見，除了玄妙還能做何解釋？

這趟橫濱拼布參訪團出發之前，乃至進行到日本之後，大姊從未想過會在展覽會場中，遇見兩位日本國寶級的拼布前輩，直到遇見了乃有喜出望外的驚訝，而這也可說是此番行程中的附加收穫。

參觀展覽的第一天，上午與黑羽大師相見，大姊歡喜的心情，除了臉上表情得以窺見外，大姊的談話也不時流露那份悸動，因她一再分享並重述與黑羽大師的對話及互動。這

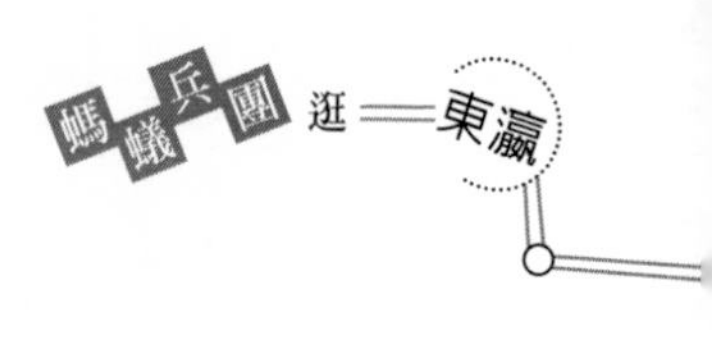

樣愉悅的情緒持續到午餐，甚至形成一股動力，餐後沒休息多久，旋即又接下去參觀尚未觀摩的區域，大姊所秉持的態度是，人家黑羽大師為展示她個人的作品都沒休息，後生晚輩得學習前輩的研習態度，日後也才能做出一番局面啊。

的確，態度決定接下去的作法。

我這個拼布大外行實在擠不出螞蟻姊妹們那樣好學的精神，我是酒足飯飽後就頭昏昏腦鈍鈍，只想有個地方稍作歇憩。

「我去休息一下。」

「呃？沒用的傢伙，奧少年。」

二姊這麼說我，但我其實不「少年」了。

「她是未足月出世的，別管她了。」

大姊為我向二姊說項，只是這說辭好像還是貶我的多。不過又怎樣？反正我就是體力差、易疲累的人。

這次我坐到近出口處的休息區，偶爾也有走累了的螞蟻姊妹來歇個腿，在她們來來去去間我也得到舒緩，精神似乎又有一些了，於是展覽館裡尋大姊芳蹤去。

幸好我儘快的回歸我家姊妹小團體，因為就在我歸隊不久，姊姊逛到一個出人意料的攤位。

「那不是在台北見過的拼布老師？」二姊凝望著攤位主人並且開口告訴大姊。

「啊，對啊，是那個拼布老師……」大姊回眸一望，目光也正與這位石浪前輩遇上，在那剎那間石浪前輩也已認出姊姊，兩人於是不約而同向前，也不約而同的出聲打起招呼。

「啊，妳們到橫濱來啊？」

「是啊，這是我妹妹老師在台北見過，我和妹妹去看展覽的時候。」大姊說著指向二姊，二姊於是也向前致意，「是啊，那次和姊姊在台北見到老師，這次我們來橫濱看展覽，很幸運又遇見老師。」

「是啊是啊，這位？」石浪前輩看著我。

「呃，那是另一個妹妹，這次也一起來。」大姊指著我，我對著石浪前輩微笑，前輩非常親和，從頭到尾都是笑容可掬。

「呵呵……很好，很好，姊妹一起來，很好。」

「啊，老師您也來展覽，老師的作品這麼多。」

「呵呵……還好還好。」

通常這種時候少不得又是要和大師拍個照留個念，石浪前輩居然沒嫌我這個跟班的礙手礙腳，她竟是雍容大度的邀我也一起合影呢！

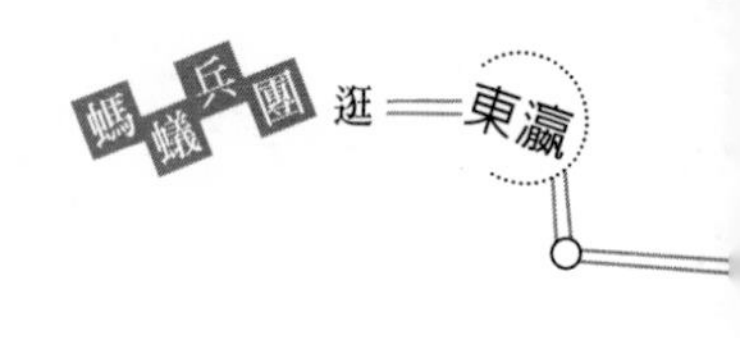

姊姊和前輩寒暄片刻後，為不影響參觀人潮欣賞前輩作品，我姊妹三人向前輩告退，石浪大師非常客氣且有禮數，送給我姊妹等各一份小禮物。

「啊，不好意思呢！」

「請收下。」

「這怎麼好呢？」

「就請收下吧！」

「那……就謝謝了。」

在大師的堅持下，我們若再推卻就顯得不恭敬了，於是敬謹收下，感激之外，心下更是喜不自勝呢。

與石浪大師會場裡的相逢，難道不算是人生巧遇？

人生際遇有時便是如此巧妙得讓人驚訝，因為參加這個參訪團，大姊因而能在展覽會場中，遇見日本國寶級拼布前輩，而且還是一天裡遇見兩位，這真可說是此番行程中最大的快樂。

黑羽志壽子的名號，大姊早是慕名，往昔從各種拼布雜誌的報導，也略略知道大師的拼布風格。而石浪崇子老師則因前有在台北相會的因緣，這次大姊在異鄉在大師的國度與之重逢，真是如夢一場。

有首歌其中有句歌詞是這樣的，「人生何處不相逢，相逢猶如在夢中」，大姊在日本橫濱有幸與黑羽志壽子及石浪崇子兩位老師相見，不也正如在夢中？

（七）勤奮螞蟻在一班

大凡對於拼布藝術感興趣者，以女性居多，而且通常是婚姻中女性。大姊參加的螞蟻拼布社的成員，都是業餘練習巧手女紅的姊妹們〈其中還不乏有開班授課經驗者〉。這樣一個來自各個角落，各行各業的婦女同胞，每週一次的課程研習，她們都是兢兢業業勤奮不懈。

大姊所參加的這個拼布社名為「螞蟻」，我想應該便是強調其勤奮、團結之習性吧。

就我們所知，螞蟻是非常勤奮的昆蟲類，同時也是團結力極強的族群，我們總會在牆沿屋角看到螞蟻，或是一群，或是三三兩兩，孜孜矻矻地工作搬運。即便是遇上了強大外力的介入與破壞，螞蟻們總是很快又恢復秩序，重新投入牠們所專注的事項。

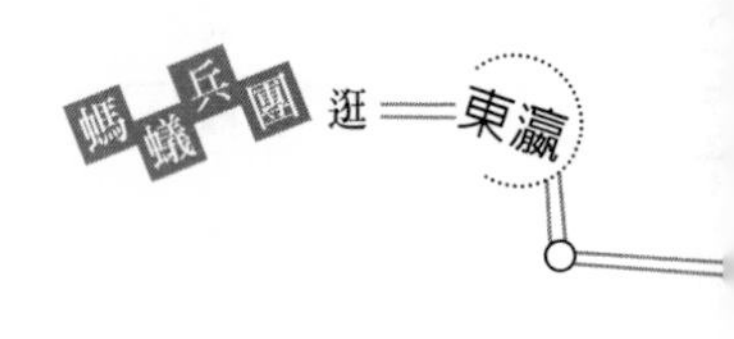

府城這個螞蟻拼布社命名的初衷不論是什麼，在我的解讀裡，應是不離勤奮二字。這趟東京橫濱遊，螞蟻姊妹似乎並不是以旅遊看待，而是以學習精進的態度對待，每個螞蟻姊妹在各個行程裡，都是抱持認真參觀、用心吸收、努力學習的心態，甚至還有姊妹是帶著自己正縫製的作品出國來，晚間在落腳的旅店裡挑燈拼縫。由此就可以看出她們每人都有螞蟻的勤奮精神，而這不也是我該要學習的生活態度？

1. 專注瀏覽，不知疲累

拼布展覽的參觀票門所費也不低，進了場最好就待到下午關閉時間，否則太不划算了，這事導遊吳小姐在我們將進場時就一再叮嚀囑咐。對於愛好此道的螞蟻姊妹們，這話只是導遊善盡職責做該做的事，至於她們呢？只怕時間不夠她們參觀欣賞，哪會半途就想往外跑？

倘若此番行程天數多幾天，安排的是展覽期間天天都來展覽廳報到，我想大概正合愛好拼布的螞蟻姊妹們的意喔，那可是會苦了我唷。

只在瀏覽不再細究，凡事走馬看花的人，便是我這個拼布門外漢。不過看在入場劵售價不便宜，且擔心在人生地不熟的城市迷路，我，還是規規矩矩跟著眾人腳步，一路觀賞到閉館時分，再和大家一起搭根岸線回磯子去逛逛，吃他個道地的日式晚餐後，再月下散步回住宿旅店吧。

說實話，橫濱展覽大廳不是圖書館、資料區、或複合式書坊，要不，我是會全副精神浸淫其中，管他是白天黑夜，管他是台灣日本。問題是這地方偏偏就少了能吸引我全部注意力的書籍報章雜誌資料等，我還真不知道我對拼布的鑑賞力有多少，或是能持續多長時間對這些拼布產生興趣。

巧手技藝非我擅長，且從來也未曾想過朝這方面培養興趣，就算長期接近擅長此道的大姊，我依然不曾在拼布上開竅，由是即便眼前有這一個絕佳觀摩機會，對我來說效果還是無法彰顯。

有道是「工夫下得深，鐵杵也能磨成繡花針」，但那是需要從基本工下手，得要有耐心，日積月累後才有可能見到一點點「真章」。

我啊，既無法在這短暫時間內學到什麼皮毛，那就抱定嘗試培養一丁點對拼布的欣賞能力好了。

即便會場裡有一些攤位是廠商進駐，他們有的單純只是販售拼布素材，包括布料、配件或工具等，但有些廠商甚至安排有小作品材料包的販賣兼現場教授，問題是言語不通，

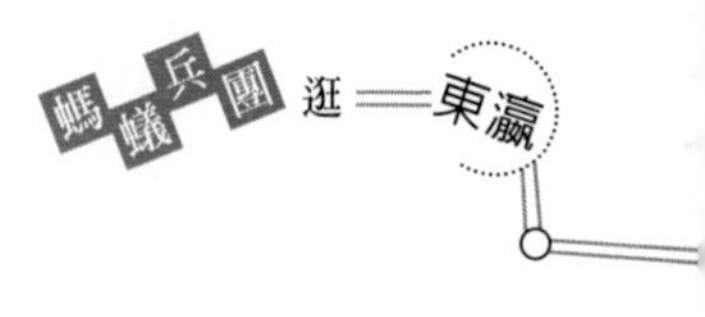

怎麼逢啊？放眼展覽大廳，會在現場購買材料包縫將起來的，都是日本本國人，他們自己人聽自己國家語言，更能看懂那些說明文字，縫著縫著，很快也能交頭接耳互相交流了。

莫說對這現場縫製的試練興趣缺缺，就算是螞蟻姊妹也沒人在會場裡當場製作，想來溝通真是大問題喔！

雖說我對拼布是外行，可我也很認真觀賞呢！

別的不說，其他人一個攤位要看上大半天，我看得可快的呢，不過個把小時，我就逛它半個大廳，還可在主辦單位於展覽大廳中間準備讓人休憩的椅子喘氣呢！

「妳剛剛是跑去哪裡？」

偷個空偷個閒歇個腿，悄悄再回到大姊身旁，還是被她發現我剛開溜了，呃？她專心欣賞研究之餘，還留意到我，喔！大姊關照小妹，真甘心啊！

「沒有啦，逛一下後就去中間那裡坐坐啦！」實話實說是原則，再說這場子裡也沒別處可以閒晃，能編出什麼說詞嘛！再趕緊接過大姊手中的「戰利品」，老實扮演好該扮演的角色就對了。

「才看一下子妳就累啦？」

「嘿嘿，不是啦，是……有必要看那麼久喔？」

「慢慢看才能看出人家的縫製的特色和技巧。」

「……」說實話，我還真是看不出來，還不就是一塊塊小布塊縫起來的。

「妳就跟著慢慢看。」

「喔。」

大姊要我跟著慢慢看，我當然是唯大姊命是從，問題是再怎麼慢慢看，一幅也不會變兩幅。而且對拼布悟性不高的我，實在也瞧不出其中的玄機奧妙處，這慢還真磨人哪。

可我無趣時轉個頭東張西望，便瞧見一干螞蟻姊妹們無不全神貫注在聽解說、在觀賞展覽作品、在互相討論所見作品、或是分享個人觀賞想法。

一整天下來，螞蟻嬌娃們個個還是精神奕奕，也不時開起小組會議。

「那個賣布料的攤位布料不少……」

「妳買了什麼？」

「我買了……」

「……」

到下午四點左右，我已經將會場逛了幾圈，累得只想坐下來休息，可同團的螞蟻高手們，個個仍然精神昂揚。

媽咪啊，我跟上的這個螞蟻團，可別是「super ants」喔！

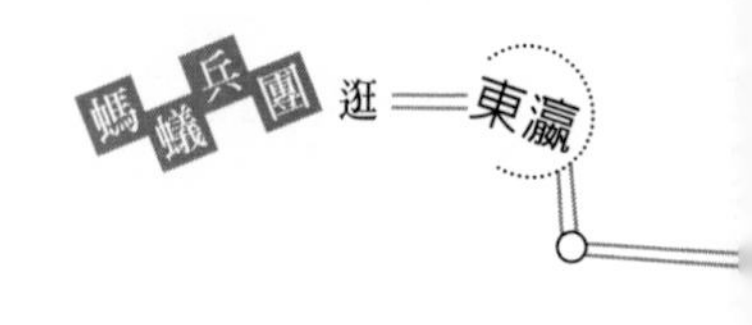

2. 滿載而歸，笑逐顏開

螞蟻拼布社這一個研習團體，因為平時每週上課，早已培養出她們的團體默契，與獨特的團體風格。這當然是因為有一個魅力十足的授課老師帶領，才能形塑出獨一無二的團體特質，除此之外，是因為這個拼布社還有一個別具特質的靈魂人物，那就是螞蟻拼布研究社的社長大人——淑琴小姊姊。

理論上，我既不是拼布研習社的成員，也非淑琴小姊姊的舊識，和她應該是不會有交集的。然而，人生際遇便是如此奇妙，經由跟隨我家大姊赴橫濱旅遊參觀這一趟，而與這研究社的社長——淑琴小姊姊結識。

能和社長相識是我的榮幸，而能暫時插班和這一班夥伴相處，更是豐富我的生命經驗。

這一班並不是「九條好漢」，這一班是多於九的各等級美女所組成的拼布研究社。既然是一班，當然也就需要有個頭頭社長。倘若以為社長必是人高馬大、聲量宏大的人，那就大錯特錯了。淑琴小姊姊是這一班身量最嬌小玲瓏的，音量也屬於非厥偉型的，但她就是能夠承擔處理研究社的大大小小裡裡外外瑣事。

我是社長

舉凡她們研究社的集體創作，一大幅拼布壁飾的聯絡協調，以及他們作品成果展覽時的輪值排班，甚至平時學員間的聯絡互動，在在不能少了社長的串場。也由於有個如此費心費神的社長，總能將所有事項安排妥貼，螞蟻拼布研究社的發展也才能蓬勃，這麼說，就知道社長掌理研究社的辛苦了，用鞠躬盡瘁來形容還真是貼切啊！

這一趟旅途中，總有螞蟻拼布社的姊姊妹妹們不時喊著「社長、社長」，然後就會見到淑琴小姊姊笑容可掬的回應，我和我家二姊兩個臨時「插班生」，見狀也興致勃勃，跟著大伙兒「社長、社長」喊得不亦樂乎。看來淑琴小姊姊這社長真是「深得民心」，讓這研究社「社民」都信賴她，也唯她是瞻。看來將來淑琴小姊姊若有意願參選各級民意代表，這一班姊姊妹妹固定的「柱仔腳」組成的後援會就夠瞧了，絕不會輸給以前那個什麼「水噹噹」的啦！

獨當一面的社長大人，其實也還保有赤子之心。旅途第三天，也是我們參觀二〇〇五年橫濱國際拼布展的第一天，原定計劃是下午六時展覽館關閉後，整隊人馬在附近用完餐，然後步行到不遠處的超高摩天輪騰雲凌霄，一過市區裡登高望遠之癮。

但是一班姊姊妹妹在展覽館內逛了一天，又人人雙手各是滿滿的戰利品，許多人已經是腿痠手麻、體力疲乏，對於早上還頗有興致的摩天輪，此刻已興趣缺缺了。

可淑琴小姊姊還是盼著呢。

「去坐摩天輪嘛，不是要坐摩天輪？」

「我不要坐。」有人持相反意見。

「早上不是說晚上要坐摩天輪？」淑琴小姊姊還是這句老話。

「好啦，去坐啦！」有人附和淑琴小姊姊的提議。

「我好累，不想坐摩天輪。」

展覽大廳外討論好一會，結果卻是未定，導遊吳小姐當然也想做到盡如人意，但是又看到有些姊妹真是累得要虛脫似的，這些人得讓她們趕快回飯店休息，否則明天還要觀賞一天。可也有人附和社長的坐摩天輪提議，該怎麼辦？還真讓人傷腦筋，吳小姐索性當場就來個表決決定。

「要坐摩天輪請舉手。」

幾隻手紛紛舉起，但一眼即能算盡。

「不想坐摩天輪的人舉手。」吳小姐才問完，包含我在內舉手人數多過前者，當下吳小姐立即宣佈，「那我們就不坐摩天輪，現在請大家跟著我走，我們到櫻木町站搭地鐵回磯子。」

多數人選擇放棄享受刺激要回飯店休息，淑琴小姊姊的失望之情比起剛剛更加多了。只見淑琴小姊姊一臉失望，頻頻嘟嚷著：「來到橫濱，沒坐這裡的摩天輪，終生遺憾ㄋㄟ！」

「下次來再坐嘛！」

「明年再辦好了。」

「回台灣再去坐，了心願。」

這些姊姊妹妹們都忒是好心，有人勸說明年再來坐個過癮，也有人說回台灣到劍湖山世界去坐，也一樣是摩天輪。

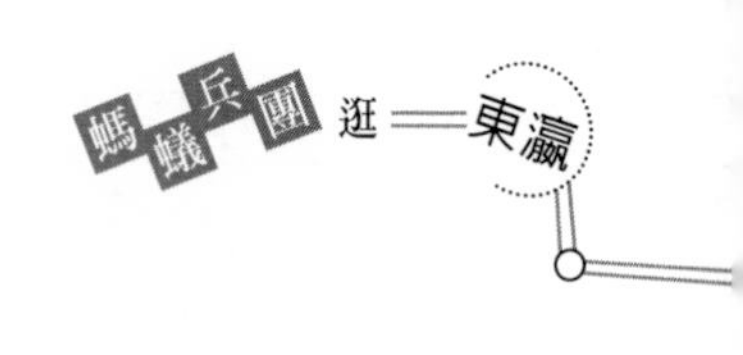

唉呀！這些姊姊妹妹怎懂得，不一樣的時刻不一樣的城市不一樣的夥伴會有不一樣的感受，即使那是同樣的摩天輪。

幸好，淑琴小姊姊也是樂天知命，同時也是很有民主素養之人，走過摩天輪附近，她只是頻頻回眸多看摩天輪幾眼罷了，之後也就少數服從多數的與大家嘻笑回到飯店了。

如果我和社長的互動僅只於此，那也所知不多，但我幸運的又比這些多一點。五天四夜的旅程，除了第一夜我家三姊妹忙著泡湯，最後一夜忙著打包行李外，第二夜因為向社長借水果刀削水果，順便邀她「過房」來「飲茶呷果子」，幾個人沉浸「破豆哈啦」中，竟是不知時間已至中宵。為了保留一點體力隔天使用，依依不捨中互道晚安，並且相約明晚再續。第三夜再又因其他事邀約社長過房閒聊，就是如此這般，我才能略知淑琴小姊姊稍長於我，也才能更發現她的風趣。

二〇〇五年秋日的這趟旅行，對我而言，除了行囊多了東西，最多的是心裡填滿的溫馨記憶。雖然旅行結束已過兩年多，但我知道，即使是再過十年，我仍會清晰記得，二〇〇五年我和螞蟻拼布社的這一班姊姊妹妹快樂的去旅行。

MM21 未來區

（八）MM21（Minato Mirai 21）

乍聽MM21，實在無法明白它所代表的意涵，但我知道絕對與麥當勞無關。

經過導遊小姐的說明，總算明白，原來MM21是「港區未來21世紀街區」的簡稱。把一個臨海新興區稱做MM21，還真是簡明扼要，想來橫濱當局對於都市開發，也著眼於二十一世紀的未來感，所以要讓橫濱呈現出一種有別於保守狀態的未來新韻味。

「港區未來21世紀街區」是規劃在一九八九年舉行的橫濱博覽會的舊址上。在這一地林立有「橫濱陸標塔」、「橫濱皇后

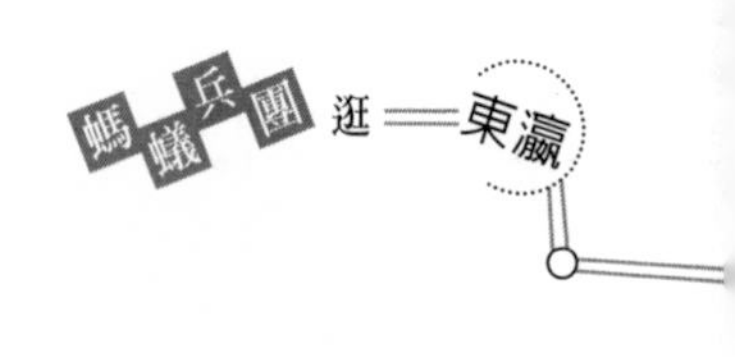

廣場」等高樓建築，這便是未來型都市，亦是說明著「港區未來21世紀街區」，正在以日新月異的步伐不斷朝新時代邁進。

所以現在在「港區未來21世紀街區」，可看到許多大型購物中心和娛樂中心集中在此地，如果要仔細逛遍這些娛樂場所和購物中心，想來一天恐怕是不夠的。

而就在MM21這裡，有座號稱此地最大的摩天輪，聽說晚上若乘坐摩天輪，橫濱港區的高樓大廈，與交相輝映的夜景，都將在遊客的腳下輪轉。

因為這個不同凡響的體驗吸引人，本螞蟻拼布團，原是有將乘坐摩天輪排進行程裡。熱衷的姊妹興致勃勃，就等第一天參觀展覽後的高空體驗上場，可像我這種視凌雲天際為畏途的膽小鬼，直是搖頭抗拒呢。幸好後來也因多數人不捧場而作罷。

1. 脫隊先向未來去

坦白說，獨立性一向不足的我，隨團出遊絕不會演出脫隊情節。偏偏這一趟東京橫濱遊，我家超凡自主的二姊也同行，想當然耳的，會有怎樣的「彈性變動」（不是脫序喔）。

世界拼布展這種「專業」性的養分吸收，外行的人跟著看展，別說提不起多大的興致，可想而知那還可能「磨蝕生命」呢！螞蟻姊妹在橫濱要參觀的天數總共有兩天，對我和二姊來說那簡直是虐待酷刑嘛！喔，沒那麼嚴重啦，只是兩天看一樣的展覽，會教人舉雙手投降的。因為二姊與我根本沒有體會那些作品與素材的根器，也就沒能有螞蟻姊妹們那般深入研究的精神。

所以囉，二姊這個同是拼布門外漢的人，在第三天回到住宿旅店時，便與我商議好，五日行程的第四天準備先開溜。我們預計先去東京，反正參觀團在參觀展覽之後也將從橫濱移師東京，當晚是要夜宿品川，到時候我們再去與她們會合就是了。

「她們早上進展覽館參觀，我們就搭車去東京。」二姊的提議讓我心動。

「東京？好啊！」

東京是繁華熱鬧的都市，先去看看逛逛也好，要不，第五天的自由活動時間也只半天，大概是逛不到什麼的。不過，說實話，這不是咱們的國家，很多地方都不熟悉，我和二姊這樣脫隊閒逛去，會不會迷了路？會不會和整個螞蟻團失聯？會不會……

「可是……晚餐那個地方妳找得到嗎？」我比較怕落單，萬一流落日本，回不了家，可怎麼辦才好？

「吼，怕什麼？找不到那個地方，我們就另外找地方吃嘛！」二姊總是老神在在，但我擔心的不是吃的問題，顯然她沒弄清楚我的意思。

「不是吃的問題啦，萬一我們找不到她們……怎麼辦？」

「有導遊電話妳是怕什麼？放心啦！」

「妳嘛卡幫幫忙，她來日本那麼多次，熟得很，放心跟她去啦！不然妳是要在會場裡多繞幾圈喔？」大姊為二姊掛保證，兩票對一票，我應該要放心隨二姊去逛東京，想想也是，要不我真的是要在展覽館裡繞圈圈了。

可是，我們和大和民族總還是不同國度，文化上也是有些差異的人種，二姊對這個國家，甚至對東京再熟，也還不到熟透了的地步吧！坦白說，我心底深處還是有那麼一些些的忐忑不安，要不要隨二姊脫隊，還真是困擾了我整夜。

我這個沒魄力的人，舉棋不定的心神二姊是看在眼裡，人家她可是不論我要不要跟她走，她都是要先去東京的啦。

山坡上王子飯店再睡一晚，我的決心還是不夠堅定。

「我們真的要先去東京，不和她們一起參觀喔？」

「欸，妳真煩呢，不然妳和她們一起參觀，我自己去東京。」

「嗄？妳自己去？」

說實話，只放二姊獨自一人去東京，我也會擔心。算了，還是跟她一起走，有個伴，對二姊比較好（我真是說笑話，人家二姊她進出日本多少回，大多數還不都是自己一個「闖蕩江湖」，我這藉口也太扯了吧）。

「只有妳自己一個去不好，我還是和妳一起走好了。」

「哼，愛跟就一起來啦！」唉喲，我那從小愛跟的習性還真改不過來啊？可我那反覆不定的心意，直到在展覽館外要和螞蟻姊妹們「分道揚鑣」時，還有一絲絲想打退堂鼓，和大家伙一起進去展覽館看展。

可是，這時才要喊「卡」，我用膝蓋想也知道，二姊肯定會宰了我。

「走啊！」

「嗄？」還真的就要走了？

「妳會搭車嗎？我們會不會搭錯車？」

「車站裡都有路線圖，妳怕什麼？」

二姊真不懂我，我就是會怕啊，我可不像她，抱定「兵來將擋、水來土掩」的樂觀積極態度。

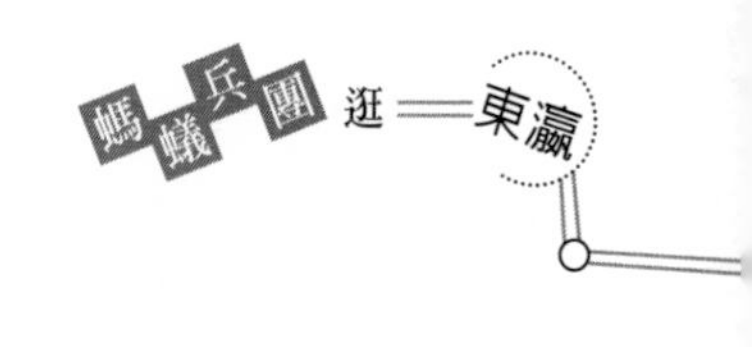

「想什麼？再拖拖拉拉，逛東京的時間就少了喔。」

說的也是，既然決定，就抱著「慷慨就義」的心情隨二姊向東京出發吧。

因為是團體出遊，我姊妹倆這個先行離隊的單獨行動，自然是已在此之前便向領隊報告過了，領隊同意後還熱心指點我們到哪一站搭哪一線電車能快一點到達東京呢。

帶著依依不捨的心情（差點兒還再跑回展覽館呢），我隨著二姊從展覽館二樓走出展覽的館區，走在連棟式建築物中，那感覺有點香港的味道。我們走過みなとみらい32番館，也經過美術廣場，這之間有許多值得逛的購物中心、美術館、技術館。實在是只有一天的時間，二姊又已安排要去東京，否則真該放慢腳步，好好看看這港區未來21世紀街區的所有建設。

匆匆走過港區未來21世紀街區，不多時便到了未來站，在自動售票機前看了看，我們根本不需要走到櫻木町去搭車，從未來站上車便能行向未來了。

二姊和我仔細看了又看，確定港區未來線接上橫濱車站，從橫濱站轉東急東橫線列車便可去到澀谷了，澀谷臨近東京，搭到那兒還可多逛澀谷這地呢。我和二姊就這樣投幣購票後進了月台，沒等多久便上了車，這一路經過許多站，武藏小杉、新丸子、多摩川、田園調布和代官山等地。

姊姊妹妹一起來

乾淨的車廂裡，為數不多的乘客，感覺非常舒適，隨著一站站過去，我的心漸漸飛向繁華熱鬧的東京了。

2. 同胞姊妹自由行

出國旅遊若是隨團，便要遵守團進團出的基本規則，若是自由行則可隨個人喜好而變化路線。很幸運在此次的旅途中，我既是融入團體活動，也享受了自由行動的樂趣。

如果不是跟了二姊這一號善於四處探險外號「陀螺」的人物，墨守成規的我大概只會跟隨整團行程，亦步亦趨的跟著走便是了。

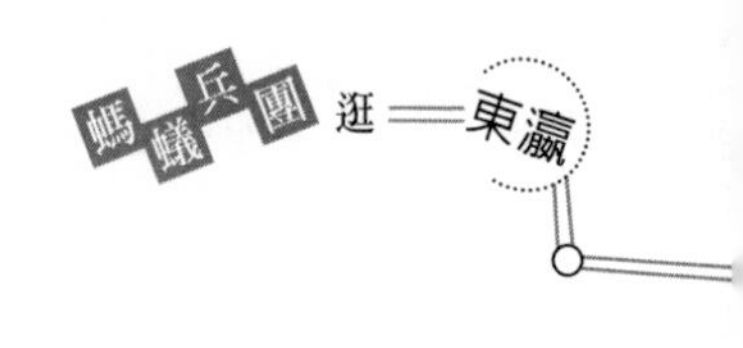

是有腦筋的二姊，早想到我們兩個對拼布大外行的人，跟著人家在拼布堆裡鑽過多少回的螞蟻們同在展覽館兩天，看的都是同一款式的東西，好像有點虛耗她和我的「寶貴青春」，也才設想周到的來個脫隊自由行。這麼說來，我應該要大大地稱讚二姊英明，並且感謝她帶領我去感受不一樣的旅人心情。

那一日一早和團員們在橫濱展覽館分手，若不是二姊堅持走港區未來 21世紀街區，我們就不會在未來站搭車，澀谷便也將錯過，是睿智的二姊，我才能在一個白天時間就多逛了幾個地方。

「吳小姐說去櫻木町搭車呢！怎麼走這邊？」

「走這裡看看，看看港區未來21世紀街區長怎樣嘛！」

「那等一下找不到車站搭車怎麼辦？」

「妳少土了，日本最發達的是他們的交通網，還怕沒車搭，妳要笑死人啊？」

「如果這一線不是往東京去……」

我話都還沒說完，就被二姊攔腰砍斷。

「還好旁邊都是日本人，沒聽懂妳在說什麼，不然妳會聽到震耳的笑聲。」

「呃？」我怎沒聽懂二姊這是什麼意思。

「妳嘛卡幫幫忙，東京是日本首都，大都市呢，很多線都有去東京，怕什麼？好了，妳不要再說些有的沒的，會笑死人的，妳跟我走就是了。」

帶著忐忑不安的心神，我偶爾快速瀏覽未來區的建築、設計與展示，直到看到未來站，直到買到澀谷車票，我才確信交託給二姊絕對沒問題的。

當我和二姊坐在火車裡欣賞沿途景色時，螞蟻拼布社的姊妹們應該是用心觀賞室內展覽。她們究竟是如何瘋狂購買所喜歡及合用素材，我與二姊均未恭逢其盛，而我姊妹倆一天的逍遙自在，她們也是無法親身經歷。總之不一樣的選擇，便是各有不同的感受，也各有各的趣味。

好比，我和二姊到了澀谷後，逛了一家澀谷的百貨公司（我真呆頭，沒記下那百貨公司名，只知是在東急東橫線澀谷站旁），然後再轉搭ＪＲ（山手線）到秋葉原、御徒町、上野一帶，這些是留在橫濱展覽館裡的姊妹所不知的。

二姊帶著我幾乎是「馬不停蹄」地逛街購物，唯一的休息是坐在咖啡館裡小啜咖啡，因為我們的午餐不是坐著品嚐。從上野走到御徒町，一看已過中午十二時，是該吃午飯的時間。

「想吃什麼？」

「有什麼好吃的？」

「什麼什麼好吃的，來日本要吃點道地的，在台灣沒吃過的。」

「什麼是台灣沒吃過的？」

「我想想。」二姊很認真在想，她好像我的專屬導遊喔。

「妳不要說吃咖哩喔。」我突然想起三長爺的經驗。

「為什麼？日本咖哩不錯呢。」

「我們家的三長爺看不懂日本食譜，幾次出差來日本，餐餐吃咖哩，吃到打嗝都是咖哩的味道，怕死了。」

「那是他，又不是妳，妳神經啊？」說的也是，三長爺吃怕了咖哩，又不是我，難不成聽多了三長爺的咖哩惡夢，也跟著惡夢轉移到我身上了？

「好啦，不吃咖哩，帶妳去吃站著吃的麵。」二姊想出點子後再問我，「妳去過這種站著吃的麵館嗎？」

「沒有。」

「妳不是也跟大姊來日本好幾次，怎麼沒吃過？」

「我們都跟團，跟團都嘛吃大餐，哪會讓我們吃這個。」

「那妳算是初體驗囉！」

嗯，我於是在地鐵站的小麵館體驗到站著吃麵，感覺真的很不一樣呢。

午餐後距離和螞蟻團約好相會的晚間六時還早，看來還可逛些時候。我這餐後就想擺平的人，是強打精神跟著二姊走的。十一月中東京的風顯然有勁得很，吹亂了我一頭長髮，乾脆綁起一束馬尾，看你能再怎麼凌虐我的髮？

比起風不停襲來的涼意，我是寧願承受，因為我已經疲累於在不同款式、不同花色的衣物中做選擇，購物還是讓二姊獨享樂趣了。

「妳自己慢慢看。」我跟二姊這麼說。

「妳不看了？」

「嗯。我去外面走走，妳慢慢挑。」

「喔。」

出了商家店門，我在人行步道上緩緩踱著步，偶爾看看旁邊一間間服飾店，不同店家不同店名銷售品項也不同，這真要都逛遍，需要多少時間啊？

我好像踱了滿長一段時間，二姊才心滿意足的過來與我會合。

「買好了啊？」

「還想買呢。」

「那再去買啊，我又沒催妳。」

「不能再買了，要留點錢，明天說不定還要買什麼。」

看來我家二姊雖然熱愛購物，也還知道「適可而止」嘛！

接下來我姊妹倆「好整以暇」地搭地鐵，準備自行前往新宿與螞蟻拼布團會合共進晚餐。

二姊這號人物真令我佩服，東京偌大的城市，她竟然也能循導遊小姐給的指示，找到我們將晚餐的餐廳，晚餐後遊覽車再把我們送到品川的PACIFIC HOTEL。

這夜將是旅程最後一夜，明日過後，回到台灣大家便將「分道揚鑣」，所以這個晚餐大家的心情似乎都很HIGH。不過據我觀察，這個HIGH，有大部份是螞蟻姊妹們對拼布展的意猶未盡，這從進食間大家的言談中的點點滴滴便可知了。與拼布有關的話題，甚至包括各自購置的大大小小材料，絕對都比當晚的料理更能引動螞蟻姊妹的心。

（九）一枝穿衣服的筆

筆，眾所周知，是用來寫字畫圖。

我們平常使用的筆，儘管有鉛筆、原子筆、鋼筆、毛筆、彩色筆……等的不同，但這些筆有個共同點，那就是它們都沒做特殊的衣服妝扮。

穿衣服的筆

一枝筆，用衣服來妝扮，會成了什麼樣子呢？

相信多數人與我一樣，從來不曾這麼想過。這次東京橫濱旅行之前，我從來不曾見過穿了衣服這麼奇特的筆。是因為跟著拼布社的螞蟻姊妹們出國，才有機會大開眼界，見識到這種別出心裁的設計。

這麼說或許會有人以為，穿衣服的筆是日本發展的新品。

不，事實並不是這樣子。這枝穿了衣服的筆，並不是東京帶回來的紀念品，其實是恩愉妹妹的巧思創意，她特地為一枝筆製作了一件美麗衣服，再把穿了美麗衣服的筆送給了我。

我因此有了一枝與眾不同、獨一無二的筆，即便是爾後有人承襲了恩愉妹妹的創意，我擁有的這隻穿了衣服的筆，仍然是絕無僅有、不同凡響一枝有情義的筆。

噢，這枝筆既然如此特別，說什麼我都捨不得拿它來寫字，就把它供在書櫃裡，承載深深的記憶吧！

1. 恩愉妹妹，記得多保重

恩愉妹妹沒事送我穿上衣服的筆做什麼咧？她吃飽撐著了呀？才不是呢！那可是恩愉妹妹無價的情義啊！

說到這兒，我便要多嘴說說此番旅行恩愉妹妹為夥伴們製造的一個超級震撼彈。

首度出國的年輕恩愉，是個音樂老師的「家後」，自己則是熱愛藝術拼布的女子，所以在橫濱的拼布展裡，除了各個展覽攤位仔細觀摩之外，專注聆聽老師的分析講解，也熱衷在各式各樣布疋材料的選購上。兩天參觀下來大有斬獲，除開「仿名模王麗雅」奪得個人服飾血拼王之外，恩愉妹妹則可榮登此螞蟻拼布團拼布素材搶購之冠。

展覽結束那晚，是五日行程的第四天，我們這個參觀團將從橫濱移往東京，當晚要夜宿品川。那一日一早我與我家二姊先行離隊（我倆是拼布外行，二姊熱衷的是購她要的物），我們搭乘東橫線從橫濱到澀谷逛逛後，再轉搭山手線（ＪＲ）到秋葉原、御徒町、

恩愉妹妹，妳會笑啦

上野一帶。所以當天螞蟻拼布社姊妹們在展覽館如何用心觀賞，或如何瘋狂購買所喜歡及合用素材的過程，我與二姊均因先行脫隊而錯失見證機會。

在約好新宿相見的晚間六時，我姊妹倆自行前往餐廳與大伙兒會合共進晚餐，那時恩愉妹妹挺是開心的分享她的觀賞心情與戰果，其他姊妹也有人熱心代恩愉妹妹，向我與二姊介紹恩愉妹妹滿載行囊裡的戰利品，那情形只能用HIGH翻了天來形容，因為每個人說著說著，都有停不下來的態勢。

恩愉妹妹心靈及實質的收穫滿溢到流淌四處了，想也知道她那難以掩抑的興奮，自是藏不住要一再與人分享，其他的螞蟻姊妹不忍她「獨撐大局」，紛紛加入為她宣揚彪炳戰績的行列。

「妳是買衣服的血拚王，人家恩愉是拼布材料購物冠軍。」

「對啊，恩愉買到提不動呢！」

「……」

螞蟻姊妹誇張的說辭教我「嘆為觀止」，我倒是替恩愉妹妹想到，她有沒有像我家二姊，來時已在一只旅行箱裡多放了另一只小一點的旅行箱？

這樣一個兼容吸收藝術光華及觀光泡湯，同時寓藝術陶養於旅遊的旅行團體，給我另一番知性與感性的感受，在這旅程最後一夜，再回歸給我感受世間人的本色。

照理來說，旅行高潮應該在此時落幕，當夜整理行裝後，就該好好入眠，等待最後一日上午的自由行後「載物歸國」了。

可是，隔日早餐後lobby集合時，才聽「ㄓ、玲姊姊」說恩愉妹妹昨晚興奮過度身體不適，留在房間休息。

呃？興奮過度？怎樣的興奮過度呢？半夜起來高歌一曲「相逢有樂町」？還是從住房舞到大廳？

不是該看的都看了，該買的也買了，恩愉妹妹到底還怎樣的興奮過度？是臨要回家時感到時間匆匆過，霎時間調適不過來嗎？

「恩愉是怎樣不舒服？」

「不太清楚，好像說晚上睡不著……」

「怎麼會……」

「……」

螞蟻姊妹們忒是關心，並且彼此詢問，但都沒有確切訊息。

因這天早上是自由行，有多數姊妹熱切盼望能去淺草，領隊吳小姐於是帶著多數螞蟻姊妹前去淺草參訪雷門，我家三姊妹則往蒲田方向去。恩愉究竟如何，大家暫且在心裡為她祈禱，就讓「ㄓ、玲姊姊」辛苦些，留在飯店守護恩愉妹妹了。

我三個姊妹前往蒲田去做啥？實在是大姊要去一家規模不小的技藝材料館，看看有否她適用的拼布素材。

踏出品川太平洋飯店大門，品川地鐵站就在對街，我們參考紅綠燈過了街，進了品川站，仰頭看著經過品川的各線電車，一看到有經蒲田站，沒來得及細看便投幣購票，很快上了車，總共經過北品川、新馬場、青物橫丁、鮫州、立會川、大森海岸、平和島、大森町與梅屋敷共九站，才到蒲田站，結果一出站，大姊一看竟傻眼。

「呃？怎麼是這裡？好像不太對呢，就說是在蒲田站外，可是怎麼都沒看到，他有一館二館到十館呢！」大姊喃喃自語著。

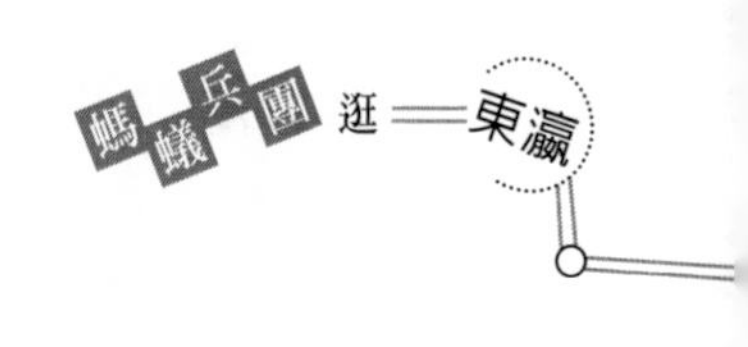

不對啊，蒲田就是這裡，我們也剛從月台走出車站，那家材料館怎會憑空消失，難道是搬家了？

遇到這種時候，問人就對了。

問題是這裡是日本呢，溝通上……大丈夫（だいじょぶ），大姊二姊日語是可以的，再不濟，就搬出英文囉。

是說還沒把英文使用出來，大姊已經問好了，還得走上一段路咧！

「怎麼會這樣？我在雜誌上看到明明寫著蒲田車站外啊！」

「會不會是那一邊？」我說的是車站另一側。

但是我們三人都回了頭看，那邊也沒比較龐大的建築。

就這樣三人邊走邊質疑，一、二十分鐘後，大姊發現她要去的材料館了。

「啊，在那裡，在那裡。」

「欸？」還真是好幾棟建築物依序排列呢！

剛剛我還一度懷疑大姊記錯地點，好比將三田記成蒲田，現在一看是在蒲田沒錯，那怎麼會從車站外變成在這兒？趁機我再環顧四周一下，這才發現這材料館是在站前沒錯，問題是這個蒲田站是京濱東北線的蒲田站，平平是蒲田站，竟然差這麼多，那剛剛我們搭的是啥線啊？

「是在車站外沒錯啊！」我一說，姊姊們也亮眼看了一下，大姊這才想起，「啊，雜誌上有寫是在京濱東北線的蒲田站外。呃？那我們剛才搭的不是嗎？」

「等一下就從這裡搭車回去，免得再走那麼遠。」二姊說。

當然啊，這兒近一些，不從這裡搭車，難道要捨近求遠嗎？

後來回去時進了京濱東北線蒲田站，發現到品川只有要經過三站，不但時間快，而且票價也比較省，如果我沒記錯京濱東北線從蒲田到品川只要日幣一百六十元，來時的票價好像是日幣一百九十元呢。

這次我在車站裡細細觀看各電車路線圖，終於讓我發現，原來早上我們來時搭的是京急線。呵呵，雖然一時失察搭錯了車，不過也是到了目的地，雖然多花了錢也多耗了時間，但這也是一種生活體驗嘛！

2. 乖，ㄓ、玲姊姊照顧妳

逛過了材料館，在蒲田站外的小餐館吃過午餐，我姊妹三人還是比原定時間早些回到飯店。一踏進飯店大廳，就看到「ㄓ、玲姊姊」陪著恩愉妹妹在lobby的沙發上休息。

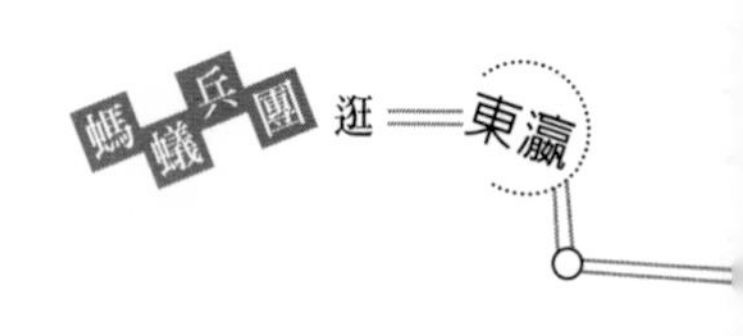

「怎麼沒在房間休息？」
「過了退房時間就不能待在房間裡，人家他們要整理。」ㄓ、玲姊姊如此回答。
「恩愉到底怎樣了？」大姊問。
我們看到的是恩愉妹妹一臉蒼白，三人齊去握握她的手，呃？十指冰寒。咦？飯店冷氣還不至於冷到這種程度吧，恩愉妹妹這可是自體虛寒？
經我姊妹仔細相問，恩愉妹妹這才說前一夜輾轉難眠，總覺得有聲響干擾，而她看到與她同房的季芬姊，連日來都是夜晚就寢前服下一顆鎮定劑，便能一覺好眠到天亮，於是向季芬姊要了一顆鎮定劑服下。
「什麼？妳吃鎮定劑？」
「鎮定劑怎麼能隨便亂吃？」
「妳怎麼吃別人的鎮定劑？」
我三姊妹連番驚嘆，恩愉妹妹稍微察覺到「亂吃藥」的嚴重性了。
「我……」
這下好了，原來的問題沒解決，反而來個更大的問題。誰知恩愉妹妹吞下那顆季芬姊的鎮定劑，不但不能成眠，反而是心悸噁心齊來，比睡不著更折磨她。恩愉妹妹原來還想忍到天亮再做處理，後來實在非常難受，不得不打電話到「ㄓ、玲姊姊」房裡，「ㄓ、玲姊姊」馬上過門去恩愉妹妹房裡，幫她做了催吐，再耐心安撫她陪伴她。

一早我們要去蒲田時，她還能在房裡躺著休息，誰知她為了不錯過到日本的「自由行」，近午時分央求「ㄓ、玲姊姊」陪伴搭地鐵出去，「ㄓ、玲姊姊」這小領隊也很盡職地陪著去，卻是因恩愉妹妹身體非常不適而速速搭計程車回飯店來。

這一來一回，同一段路程的往返卻是日幣一百三十和日幣一千九百的差異，這恐怕也是恩愉妹妹日本行的另一種難忘經驗吧！

恩愉妹妹原已整夜折騰，因為沒有睡覺體力已耗弱，接著又早午兩餐連續都沒有進食，後又勉強出去「自由行」，這下子真是虛弱得站也站不穩。

因為還等著同團其他伙伴，所以二姊扮演起按摩師，幫恩愉妹妹捏捏手掌穴道，按按頸部及太陽穴；大姊則是調著OPC讓恩愉妹妹喝下排毒；我則是動口提醒恩愉妹妹不能胡亂用藥。

「每個人的體質不同，不能吃別人的藥。」

「……」身體虛得趴在飯店大廳迎賓沙發上的恩愉妹妹根本說不出話來。

「醫師開處方時，一定依據患者當時情形，適合季芬姊的未必適合妳啊，妳們兩個體重差距也有一些，妳還一口氣吃下一顆，一定要記得，不能這樣。」

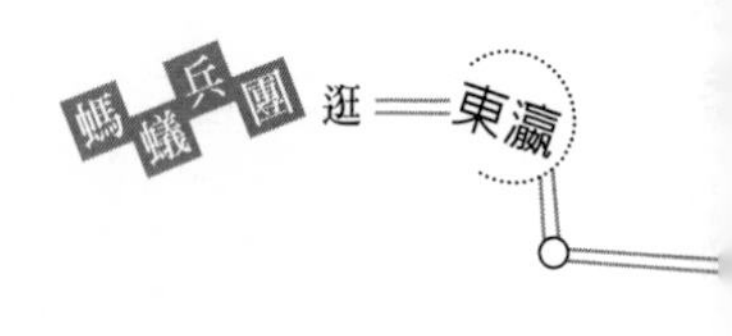

「以後不會了。」

「還以後啊？這不能有以後的，一定不能吃別人的藥，以後妳要是有小孩，感冒了，也不能用大人藥劑減半就給孩子吃，會吃出問題的喔。」用小孩來舉例，看看恩愉妹妹是不是較能把這經驗放在心上。

國人常會有如恩愉這樣的錯誤想法，以自己的感覺判斷和某人病況相同就服用那人藥劑，其實每個人因為身體狀況不同，或者當時還同時服用其他藥物，醫師開出的處方必然也會斟酌。尤其是鎮定劑這種安神藥物，更是不能掉以輕心。適合季芬姊的未必適合恩愉，何況體型上纖細的她與約略福態的季芬姊差距又大，竟是一口氣也跟季芬姊一樣吞下一顆鎮定劑，莫怪要心跳加速了。

在飯店時因恩愉妹妹吃不下任何東西，我能為她做的至多是倒水洗杯。後來在機場候機時，恩愉妹妹說她感覺情況已有好轉，我於是洗了一粒富士大蘋果讓她吃，好讓她趕快恢復體力精神（其實是蘋果不能夾帶回國，棄之也很可惜，就順手做個人情了），然後帶著一張容光煥發的臉，回家見小別五日的先生，因為小別勝新婚嘛，嘻嘻。

還好的是，回到中正機場，等候國內轉機時，恩愉妹妹說她已完全恢復了，眾人皆為她感到高興，她真是快快樂樂的出門，手采依舊的回到先生身旁。

小港機場分別後，各自回歸各自的生活，橫濱箱根行也將慢慢沉澱成記憶。沒想到心細如綿的恩愉妹妹，特別製作了穿衣服的筆這份禮物，在她上拼布課時託大姊轉交給我。常走狗屎運的我，總在各種不同境遇裡，遇見各方至情至性的朋友。儘管我與恩愉妹妹的實際交流不多，但因拼布參觀旅遊衍生的人生際會，想來都會是彼此生命中一頁珍藏的記錄。

所以，穿了衣服的筆，有著濃濃的人情，我怎捨得拿它來書寫？

（十）揮揮手，bye bye囉

人生所有旅程都有最終結束時候，東京橫濱行再愉快，也還是得畫下休止符。終於在東京半日自由行之後，我們又將搭乘華航班機返回台灣，還是得回來好好扮演各自該扮演的角色。

下午從成田機場起飛的班機返抵中正機場已是萬家燈火時候，除了兩位台北團員，在中正機場便與我們分道揚鑣，其餘的人又同時轉搭國內班機至高雄小港機場。就算是再多一回同班飛機，我們也只是比在中正機場就揮手再見的那兩人再多一些相處時候罷了。

不管怎樣，曲終總要人散，我與小倩母女在港都和其餘自府城而來的螞蟻嬌娃分手，各自走向各人回家的路，只在頻頻揮手間，期盼再相會了。

有人說這次的分別，是為下次見面做預備，或許很快的我又將會有機會與府城螞蟻拼布的姊妹們見面了。

我熱切期待著。

1. 噢，媽咪，您平安回來了

說實在的，從沒一次高空飛行，我是以如此輕鬆心情面對，也從沒有一次飛行經驗，讓我如此放鬆。

好幾年前，有一陣子對於搭飛機這事，看得極度恐怖，拒絕過幾次好友學妹的邀約，如今想來，那時的自己真是庸人自擾。

俗話不是說「生死由命，富貴在天」？

很多事本來就不是我們凡人所能掌控的。不是前一時，不是後一刻，就那麼恰巧，剛好在那一刻，那一架飛機，那一些原是不相關的人，在生命的最後一段路同行。

然而，我們除了接受這樣殘酷的事實外，還能如何？

是的，也許我們也可轉換想法，如果塵緣未了，大約也是時候未到。我家三長爺有幾個朋友屬於西進派，早已將事業版圖移至大陸地區，因此經常得往返兩岸三地，這一往返非依賴航空器不可。每次回來飛機安全降落後，他們都是各自調侃故意懊惱道「噢，又到家了，沒賺到了。」（意思是飛機起飛前購買的巨額旅行平安險泡湯了）他們難道真的希望有事發生嗎？其實不然，不過是換個輕鬆心情面對罷了。

相形之下，像我這不是將航空飛行器看成如汽機車尋常交通工具的人，莫怪乎要緊張兮兮了。但我這恐懼感覺卻又不是憑空而來的，因為有幾次來回香港的飛行經驗，其實並不舒適，那種不舒服又無關於機艙內的設備或空姐的服務品質，而是個人感覺飛機降落的速度極快，總有種自己就像鷹類的鳥一路由空中俯衝下來似的。對於我這種和摩天輪、自由落體、雲霄飛車等遊樂設施說NO的人而言，快速度對我而言簡直是酷刑。

另有一次恐慌經驗，是陪兒子北上到學校報到，我娘兒倆搭乘某家國內航空公司的班機，乘客都進機艙就坐空服員關上機艙門後，突然所有動力全部中斷，隨後機長廣播飛機動力系統出問題，正檢查維修中。

所有乘客就這樣在那密閉空間約略度過30分鐘左右，之後廣播告知已修護動力系統，將原機飛台北，這時我一顆容易驚慌的心，只能藉由默念佛號強作鎮定。我那第一次搭乘國內班機的兒子正好是坐在安全門邊，他忐忑不安的心緒大概也不亞於我。那次40分鐘左右的航程，我可是如坐針氈，直到飛機降落松山機場，我和兒子踏出機艙門，才真正回魂過來。

不過，此番日本行的飛行感受倒是出奇的好，甚至啟動我遨遊四海的想望，這一切就該謝謝機師的高超飛航技術了。去程（中正機場到成田機場這段航程）的機長是日本籍機師，起飛與降落非常平穩，甚至是平穩到連機輪著地時我也沒有感覺，而這也讓我在旅程一開始便有了美好的心情。回程時機長雖是換成華人機師，不過很幸運的，由成田機場起飛後一路航行到飛抵桃園中正機場，都是給人十分舒適的感受，包括降落也安穩到幾乎沒有感覺，一旁的大姊還大拍其手說讚呢！

「很好，這個機長很棒，給他拍拍手。」

「下次考慮再搭這家公司的飛機。」

的確，乘坐航空器的整體感受，是會左右我們選擇搭乘的航空公司喔。

下了飛機，人人都趕緊將手機開機，打個電話回家，因為離家五天，也是會想念家人的。我當然也不例外，開了機立即撥出電話，沒嘟幾聲，女兒接起便知是我，她說：「噢，媽媽，妳回來了，真好。」

旅程愉快，平安歸來，我也覺得，真好。

2. 嗯，跟班我，帶回禮物囉

一般人出外旅遊，少不得帶些小小禮物分送親朋好友，總是到過某地旅遊，和親朋好友分享些玩樂心情，同時也讓大家從小飾品或小甜點，去體會旅遊地的特色與風味。

但我這人是屬於另類人種，旅遊於我而言，是純粹欣賞風景，親自體會當地人事物的一切特殊美采，所以我極少在旅遊時做這些交際應酬的準備，我甚且也不太為自己或家人特意購買什麼「紀念品」。

即便我是這麼一個異於常人的人，此番東瀛之行，我倒是帶回來一個禮物，而且還不是小小的紀念品而已。

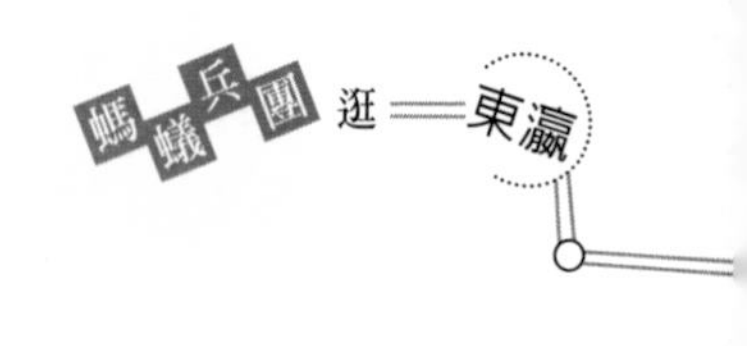

到底我帶回了什麼？能和家人分享嗎？

旅程的最後一日，行程的安排是東京自由行，有幾位第一次拜訪東京的團員，熱切盼望去看看淺草的一切。導遊小姐忒是盡責，願意帶隊前去淺草那盎然古色的寺院瀏覽一二。而我姊妹三人（此次出遊少了一員），一則因曾去過淺草，再則是半天時間可以用來多認識東京的周邊，因此也就脫隊真正自由行。

於是我們決定去蒲田，那兒有姊姊想要購買的一些拼布素材，去程我們買了京急線的車票，票價日幣一百九十元，要經過九個站才到達。原以為下了電車，出了蒲田站，就是姊姊要去的那家大型購物中心，誰知，那家大型購物中心是在京濱東北線的蒲田站外，不是在京急線這頭，所以還有一小段的路要走。所以回程我們放聰明了些，直接就搭京濱東北線，到品川也不過一百六十元日幣，所費少停靠的站也少，才三站而已。

從品川去的時候，出了京急蒲田站，問了路，找到大姊想去的店，已是走了十來分鐘。而這個各類藝術素材都有的店，還有一館二館，直到十館，光是一棟棟逛著，也得耗費一些體力腳力。同時進了建築物，因為隔絕外面冷空氣，是全身暖和的感覺，但離開建築物後則是冷風迎面颼颼吹。雖然時序才十一月中，但在緯度比台灣略高的日本，涼意已經十分明顯了。我在暖和與涼風之間擺盪，這一進一出之間，虛質弱身的我也就承受不了了。

另外還有一個因素，大約是連著幾天的緊湊行程，白日裡體力完全傾出，晚間回到旅店裡，又是閒聊至更深露重，身體得到的休息明顯不足。五天下來，體內器官終於「棄械投降」，日本的風寒因此被當成禮物帶回台灣來了。

飛機才從成田機場起飛，我右側耳朵開始感到不舒服，我很努力的嚼著事先準備的口香糖，仍然無法驅除耳內那惱人的飽脹感。不多時，鼻腔也開始有半塞半鼻涕逆流的難過，還好在喝了熱茶後稍有改善。不過這些都還比不上享用機上準備的晚餐時，腹部開始出現的抽痛感覺，我很清楚那不是大姨媽來敲門的方式，應該是……。

可是大伙兒正用著機上晚餐，偏偏我又坐在靠窗處，牽一髮可要動全身了。幸好旁邊坐的是自家姊妹，我看是等不及到空姐逐位來收拾餐盤了。

「我肚子不舒服，要去洗手間。」

「呃？不能等一下嗎？」

「嗯……大概是沒辦法等……」

大姊看見我的不舒服模樣，開口請空姐先來處理我們三人的殘餚，我這才得以解開安全帶上洗手間去解脫一番。

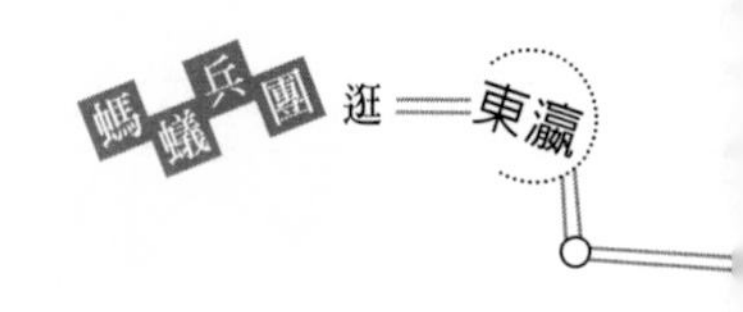

雖然上過洗手間，感覺緩和一些，耳鳴鼻塞腹瀉，三樣齊來，還真是擺明不放過我。就這樣風寒為我的東京橫濱箱根行，畫下一個超特別的句點。

不呢，還不到句點出現時候。

下了飛機回了家，感冒這小小紀念品仍舊如影隨形的隨我入了家門，要我硬是得帶他回家。

我啊，昏頭轉向了幾天，感冒餘威直到很多天後才消散，害我啊，那一陣子天天哈啾個不停。

＊＊＊結　語＊＊＊

哈哈，螞蟻下蛋了。

宇宙中的生命體，不論是動物或是植物，都是經由綿延無止息的生命傳承，而讓該物種得以一代傳過一代。

螞蟻是這樣，人類也一樣。人類會生小孩，螞蟻則是會下蛋。

呃？我到底在說什麼？

哎呀，我是要說螞蟻拼布社的姊妹生了小螞蟻啦！

二〇〇五年一同出遊的螞蟻嬌娃團團員，全數都是已婚婦女，當時其中有兩位

大家好，我是小螞蟻

耶，小螞蟻孵出來了

螞蟻姊妹尚未晉身到奶大孩子的媽媽階級。

恩愉妹妹婚齡尚短，還在享受兩人世界的甜蜜，對於生兒育女這事還不很熱衷。倒是藝文小姐母性光輝企盼發射，言談中流露渴盼有個小生命來點綴她的生活。又我們這些曾在奶娃屎尿中蓬頭垢面的「過來人」，總在她跟前說些奶娃逗人的趣味，將藝文小姐渴盼的心搔得直癢著呢。

「來來來，和我同房睡，回去保證妳會生。」

「有影無？有影妳才通講喔？」有人質疑。

「試看看妳就知。」

呃？社長大人這話說得可真「大」，她究竟能是不能？

總之旅程中藝文小姐與社長淑琴小姊姊同宿四夜，有兒有女人生是個好字的淑琴小姊姊，旅途中那句玩笑戲說，這一趟藝文小姐和她同宿後，回家後絕對能「製作」出小螞蟻的話，我們其實都聽聽而已，從沒當真過。

但是玄妙的是，藝文小姐回台不久後真的就開始孵螞蟻蛋了呢，消息傳出，真讓人嘖嘖稱奇，不是藝文小姐孵螞蟻蛋這事，而是社長當時的保證真的是有「掛」的。

想來淑琴小姊姊對自己內含的好「孕」氣，真有飽足的信心，老天爺也沒讓淑琴小姊姊「漏氣」，果然順勢讓藝文小姐也接收到這股「孕」氣，讓她滿心歡喜孕育第二代。

同是女性的社長，是夜裡悄悄傳授啥秘訣給藝文小姐？還是她對藝文小姐作了能得好「孕」道的法？

這事真是神奇，經過這段日子，藝文小姐「孕育」的小螞蟻早已平安落地呱呱，而且一天天長大，模樣甜美可人呢。

小螞蟻慢慢長大，媽媽該會告訴她螞蟻怎麼來的故事吧？說不定小螞蟻也跟著媽媽的腳步，踩進拼布世界裡，那，螞蟻拼布研究社的規模將會越來越繁茂。

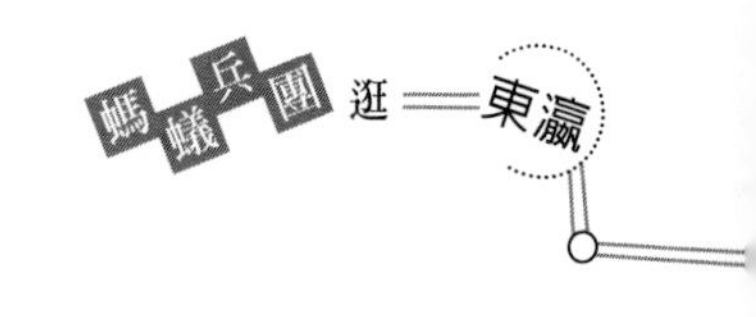

花開蒂落，螞蟻生小螞蟻是藝文小姐的家庭喜事，不過螞蟻拼布社員們也愛在拼縫之餘想想小螞蟻。

個人家族經由血脈延續而能枝繁葉茂，在拼布藝術的發展上，也是透過不間斷的觀摩設計製作，而開創更多樣更富含美感的拼布作品。因為這樣的理念，螞蟻拼布社將在二〇〇九年春假期間，廣邀世界各國拼布界大師，在台舉辦一場國際性的拼布展覽會，這將是台灣拼布藝術界的一大盛事，就請大家拭目以待囉。

國家圖書館出版品預行編目

蝺蟻兵團逛東瀛 / 妍音著. -- 一版. -- 臺北市 :
秀威資訊科技 , 2008.11
面 ;　　公分. --(東亞地區 ; TB0002)

BOD版
ISBN　978-986-221-102-1（平裝）

1.旅遊　2.日本

731.9　　　　　97019753

東亞地區　TB0002

螞蟻兵團逛東瀛

作　　者 / 妍　音
發 行 人 / 宋政坤
執行編輯 / 賴敬暉
圖文排版 / 郭雅雯
封面設計 / 陳佩蓉
數位轉譯 / 徐真玉　沈裕閔
圖書銷售 / 林怡君
法律顧問 / 毛國樑　律師
出版印製 / 秀威資訊科技股份有限公司
台北市內湖區瑞光路583巷25號1樓
電話：02-2657-9211　傳真：02-2657-9106
E-mail：service@showwe.com.tw
經 銷 商 / 紅螞蟻圖書有限公司
台北市內湖區舊宗路二段121巷28、32號4樓
電話：02-2795-3656　傳真：02-2795-4100
http://www.e-redant.com

2008 年 11 月　BOD 一版
定價： 170 元

讀　者　回　函　卡

感謝您購買本書，為提升服務品質，煩請填寫以下問卷，收到您的寶貴意見後，我們會仔細收藏記錄並回贈紀念品，謝謝！

1.您購買的書名：____________________________

2.您從何得知本書的消息？

☐網路書店　☐部落格　☐資料庫搜尋　☐書訊　☐電子報　☐書店

☐平面媒體　☐ 朋友推薦　☐網站推薦　☐其他__________

3.您對本書的評價：(請填代號　1.非常滿意 2.滿意 3.尚可 4.再改進)

封面設計____　版面編排____　內容____　文/譯筆____　價格____

4.讀完書後您覺得：

☐很有收獲　☐有收獲　☐收獲不多　☐沒收獲

5.您會推薦本書給朋友嗎？

☐會　☐不會，為什麼？____________________________________

6.其他寶貴的意見：____

____

____

____

讀者基本資料

姓名：____________________　年齡：______　性別：☐女　☐男

聯絡電話：________________　E-mail：____________________

地址：____

學歷：☐高中(含)以下　☐高中　☐專科學校　☐大學

☐研究所(含)以上　☐其他_______________

職業：☐製造業　☐金融業　☐資訊業　☐軍警　☐傳播業　☐自由業

☐服務業　☐公務員　☐教職　☐學生　☐其他__________

請 貼
郵 票

To：114

台北市內湖區瑞光路 583 巷 25 號 1 樓

秀威資訊科技股份有限公司　　　收

寄件人姓名：

寄件人地址：□□□

(請沿線對摺寄回,謝謝!)